CAMBRIDGE LIBRARY COLLECTION

Books of enduring scholarly value

Religion

For centuries, scripture and theology were the focus of prodigious amounts of scholarship and publishing, dominated in the English-speaking world by the work of Protestant Christians. Enlightenment philosophy and science, anthropology, ethnology and the colonial experience all brought new perspectives, lively debates and heated controversies to the study of religion and its role in the world, many of which continue to this day. This series explores the editing and interpretation of religious texts, the history of religious ideas and institutions, and not least the encounter between religion and science.

Bibliotheca judaica antichristiana

Giovanni Bernardo De Rossi (1742–1831) first studied Hebrew in Turin as a requirement for his theology degree. Having swiftly mastered several Semitic languages and been ordained a priest, he was appointed professor of oriental languages at the University of Parma in 1769. Despite offers from Pavia, Madrid and Rome, he remained there until his death. An important collector of manuscripts and incunabula – in 1785 Pius VI tried to acquire his library for the Vatican – De Rossi published extensively on Hebrew typography and textual variants in the Old Testament. This 1800 catalogue of 182 Jewish polemics against Christianity – printed by Giambattista Bodoni, a noted typographer at the court of Parma – gives the texts' predominantly Hebrew titles and Latin content summaries. Also included is an 1812 Italian catalogue of books from De Rossi's library. Together they illuminate contemporary theological concerns and De Rossi's own bibliographic interests.

Cambridge University Press has long been a pioneer in the reissuing of out-of-print titles from its own backlist, producing digital reprints of books that are still sought after by scholars and students but could not be reprinted economically using traditional technology. The Cambridge Library Collection extends this activity to a wider range of books which are still of importance to researchers and professionals, either for the source material they contain, or as landmarks in the history of their academic discipline.

Drawing from the world-renowned collections in the Cambridge University Library and other partner libraries, and guided by the advice of experts in each subject area, Cambridge University Press is using state-of-the-art scanning machines in its own Printing House to capture the content of each book selected for inclusion. The files are processed to give a consistently clear, crisp image, and the books finished to the high quality standard for which the Press is recognised around the world. The latest print-on-demand technology ensures that the books will remain available indefinitely, and that orders for single or multiple copies can quickly be supplied.

The Cambridge Library Collection brings back to life books of enduring scholarly value (including out-of-copyright works originally issued by other publishers) across a wide range of disciplines in the humanities and social sciences and in science and technology.

Bibliotheca judaica antichristiana

Qua editi et inediti Judaeorum adversus Christianam religionem libri recensentur

GIOVANNI BERNARDO DE ROSSI

CAMBRIDGE UNIVERSITY PRESS

Cambridge, New York, Melbourne, Madrid, Cape Town,
Singapore, São Paolo, Delhi, Mexico City

Published in the United States of America by Cambridge University Press, New York

www.cambridge.org
Information on this title: www.cambridge.org/9781108053709

This edition first published 1800
This digitally printed version 2013

ISBN 978-1-108-05370-9 Paperback

JOH. BERN. DE-ROSSI

LING. OR. PROF.

BIBLIOTHECA JUDAICA ANTICHRISTIANA

QUA EDITI ET INEDITI

JUDAEORUM

ADVERSUS

CHRISTIANAM RELIGIONEM

LIBRI RECENSENTUR.

PARMAE

EX REGIO TYPOGRAPHEO

M. DCCC.

ERUDITO LECTORI

JOH. BERN. DE-ROSSI

Illustratis hebraicis editionibus sec. XV et ineuntis XVI, secretiorem alteram aggredimur hebraicae bibliographiae ac litteraturae partem quae monumentorum raritate ac gravitate cum prioribus illis videtur contendere. Siqui sunt libri rarissimi, siqui minus noti, sunt sane judaici antichristiani, ii praesertim qui sunt in nos paullo acerbiores, injurii, virulenti, blasphemi. Judaei tanta arte eos occultant, tam caute custodiunt, ut nosse, videre, extorquere sit difficillimum. Ex quo fit, ut non modo ad christianorum manus raro deveniant, sed et sint iis plerumque ignoti, et ex tot nostris polemicis scriptoribus paucissimos reperias qui eorum unum vel alterum viderint. Ii soli excipiendi, quos christiani ipsi, qui eos non reformidant, ediderunt, quibus et sua stat raritas. Qui de iis agunt utriusque nationis bibliographi, sunt et ipsi rariores et imperfecti. Porro si revincendi sunt judaei, si eorum arma retundenda, si christiana religio ab eorum cavillationibus vindicanda, libri hi diligenter sunt cognoscendi. Primus hic est isque necessarius ad pugnam ac confutationem gradus. Poscit hoc ecclesiae dignitas et christiani theologi munus. Patet hinc instituti nostri nostraeque hujus exiguae *Bibliothecae* utilitas et usus, quae singula haec judaeorum scripta accurate recenset. In eorum numero inedita plurima et ignota, plurima quae nos ipsi, ne quid ad opellae perfectionem deesset, multo studio, labore et aere feliciter corrasimus.

Dab. Parmae die x martii MDCCC.

BIBLIOTHECA JUDAICA
ANTICHRISTIANA.

Asteriscus designat opera quae in auctoris bibliotheca reperiuntur.

A

1 Abendanae Jacobi *Disputatio epistolaris cum Ant. Hulsio*, heb.-l. 4. Lugd. B. 1669.

Disquiritur de gloria majori templi II, constatque quinque Hulsii, ac tribus nostri epistolis. Extat etiam ad calc. *Nuclei prophetici* 4. ib. 1683. V. Wolf. T. I. p. 579. Hisp. ejus vers. *Cuzarì* V. sub R. Jeh. Levita.

2 * Abraham Gher seu Proselyti Cordubensis *Fortaleza del Judaismo y confusion del estraño*, *Munimen Judaismi ac confusio extranei*, hispanice MS.

Ineditum opus, Scabtaeo, Bartoloccio, Wolfio doctioribusque reliquis judaeorum ac christianorum bibliographis ignotum, cujus bina in bibliotheca nostra extant exempla. Auctor est christianae religionis apostata seu ex christiano judaeus, unde nomen Gher seu Proselyti assumpsit, nec dubito quin sit Abraham ille Peregrinus, quem in *Relatione* sua *poetarum hispanorum* p. 54 laudat Barios, et ex eo Wolfius T. III *Biblioth. heb.* p. 60 sub n. CXXXVII c., quin tamen alteruter ullam ejus patriae, aetatis ac polemici hujus scripti mentionem injiciat. Cordubensem se auctor ipse appellat ad calcem praefationis, *Abraham Guer de Cordova*, scriptoresque ac sectae quas commemorat, evincunt eum exeunte sec. XVI et ineunte XVII floruisse. Extranei nomine in titulo christianum is intelligit, quem potissimum refutat. Totum opus in duas partes dividitur, quarum altera XXIII, altera XXX capita complectitur. Ita unum ex duobus meis exemplis paullo antiquius. In recentiori altero ea partium divisio deest, ac numerantur capita LIII. Prior pars agit de scientiarum utilitate, de Dei existentia ejusque unitate ac simplicitate, multisque capitibus contra personarum distinctionem, pluralitatem, trinitatem, Messiae ac Christi divinitatem et imaginum cultum disputat. Posterior de divina lege, ejusque perfectione, sanctitate, veritate, immutabilitate, de promissi Messiae certitudine, ejus genere, patria, ortu, titulis, arguuntur qui ajunt eum advenisse, LXX Danielis hebdomadae aliaque christianorum argumenta expenduntur, isque adhuc venturus ostenditur, postremo potiora legis praecepta ac mysteria explanantur. Operis notitiam, titulum, et integrum testimonium ex cap. XX secundae partis jam ab anno 1773 doctis suppeditavimus in tractatu nostro *Della vana aspettazione degli ebrei* pag. 11 in notis. Hebraice illud sub titulo צריח בית אל *Turris domus Dei* transtulit Marcus Luzzatus. Vide infra sub hoc nomine.

3 Abraham ben Chasdai ויכוח הדת *Vicùach adàth*, *Disputatio de religione* MS.

De ea tamquam anonymi auctoris l'Empereur in not. ad *Bavà kamà* p. 70, Hottingerus *Thes. phil.* p. 48, et Wolfius T. II p. 1292. At vero ab Abrabanele *Comm. in proph. post.* fol. 78 col. 3 media tribuitur R. Abr. ben Chasdai, ut notat id. Wolfius T. IV pag. 763. Latine se eam vertisse testatur l'Empereur in *Epist. ad Schraderum*.

4 * Abravanel R. Isaac פירוש על נביאים אחרונים *Perùsc hal nevìim acharonìm*, *Commentarius in prophetas posteriores*, seu *Isaiam*, *Jeremiam*, *Ezechielem ac XII minores*, in fol. Pisauri an. 280, Chr. 1520.

Recusus est Amstelodami anno 401 seu 1641. Sed prior editio, integrior et rarior, praeferenda, de qua *Annales* nostri nuperrime editi *hebraeo-typ. a MDI ad MDXL* p. 20. Antiquae reliquae, quas le Longius, Maittairius, Wolfius, Maschius, Boissi recensent, sine anno et loco, Pisaurensis 1511 ac Soncinensis 1520, falsae sunt. V. *Anna-*

les heb.-typ. sec. XV p. 176 et *a MDI ad MDXL* pag. 52 et 57. Sat notus est antichristianus Abarbanelis, seu Abravanelis, ut rectius eum appellant judaei hispani, ejusque operum character. „ Fuit infensissimus, inquit Bartoloccius *Bibl. rabb.* T. III p. 875, christianorum in Scripturis apertus inimicus, ut mirum sit eo tempore quo calamo maledicta in christianos scripto exarabat, eodem quoque ut ita dicam momento principibus christianis adulabatur. Christianorum consortia non evitabat, sed fovebat mansuetudine, familiaritate, animi alacritate et dicteriis ita jucunde prolatis, ut eum alterum christianum credidisses; intus tamen versipellis venenum fovebat, quod atramenti commixtum liquore contra christianam religionem evomuit in chartas. Illius blasphemias in Christum Domini, in ejus ecclesiam, in summum pontificem, cardinales, episcopos, totumque clerum, et christianos omnes, praesertim Romanos, per omnes fere Commentarios sacrae scripturae sparsim disseminavit. Praecipue vero in Commentariis super prophetas posteriores, quos ita foedavit, ut vix pagina sit quae ab hac pestifera lue immunis inveniatur „. » Persuasissimi sunt judaei, notant *Acta erudit. Lips.* an. 1686 p. 528, hunc doctorem cuncta christianorum argumenta solidissime solvisse, ut nulla elabendi rima supersit, omnemque eorum doctrinam funditus evertisse. Nec nisi magna de hocce suo heroe venditat gens palabunda, non vulgaria in eo quaerens fictae spei gloriosi redemptoris praesidia ». Potissimum autem ex ejus *Commentario in proph. posteriores* „ instructissimum mataeologiae judaicae, quatenus fidei christianae directe opposita est, promtuarium peti „ recte observaverat etiam Pfeifferus in praef. ad Lipsiensem nostri auctoris edit. *Commentarii in proph. priores*. Quae in nostro hoc *Commentario* ad Isai. LII et LIII adversus nos habet Abravanel, seorsim cum antidoto ac refutatione sua edidit l'Empereur 8. Lugd. Bat. 1631 et Franequ. 1687, eaque heb. et lat. disputantium examini subjecit Granbergius 4. Lond. Scanorum 1723. Quae ad Isai. XXXIV et Obadiam, latine vertit ac confutavit Schnellius 4. Altorfi 1647, et quoad Obadiam, etiam Pfeifferus in *Tract. phil. antirabb.* 4. Wittenb. 1664 et 1670, ejus vero pseudhermeniam ad Isai. VII, VIII, IX in *Commentatione anti-rabb.* Gryphiswald. edita Koppenius repulit. V. Wolf. T. I p. 632, III p. 541, et IV p. 876.

5 * Ejusdem מרכבת המשנה *Marchèved ammiscnè*, *Currus secundus* vel *duplex*, seu *Comm. in Deuteronomium*, in fol. Sabionetae an. 311, Chr. 1551.

Antichristiana loca haec sola servat princeps ac rarissima editio, in reliquis rejecta. De hisce locis et editione ipsa conferantur quae fuse diximus alibi *Annali ebreo-tip. di Sabioneta* pag. 10, ac seqq. Ex ea plurima in christianam fidem directa posse restitui jam dudum observaverat Wulferus in animadvers. ad *Theriacam judaicam* p. 138.

6 * Ejusd. מעייני הישועה *Majenè ajescuà*, *Fontes salutis*, seu *Comm. in Danielem*, in 4. Ferrariae an. 311, Chr. 1551 et Amstelod. 407, Chr. 1647.

Ita Ferrariae prior editio, non CPoli, Soncini, Neapoli, Monopoli, Venetiis, ut frustra pluribus congestis erroribus a plerisque bibliographis putatum est, quorum nonnulli et in anni descriptione errarunt. V. *Comm.* nostrum *hist. de typogr. heb. Ferrar.* p. 18-22, et *Annal. heb.-typ. sec. XI* p. 173. Est in manibus nostris utraque editio et utraque rara, sed Ferrariensis multo rarior, ut animadvertimus et ex Buxtorfii, Mulleri, Freitagii, Clementis sententia comprobamus in priori illo opusculo. Liber in XII fontes, quilibet autem fons in aliquot palmas, seu minores sectiones dividitur, in quibus multa auctor contra christianos disputat. Quae is ad Dan. VII 13 fonte VIII palma IX adversus servatorem nostrum conscribit, cum lat. versione ac confutatione exhibet Carpzovius in *Disput. acad.* diss. IX, ea vero quae de LXX hebd., Hulsius in *Theologia judaica*. Huc etiam pertinet, Wolfio teste, Varenii *Refutatio decem characterum de Jesu non Messia* 4. Rostoch. 1669. Totum librum latine verterat Buxtorfius filius, sed non edidit. V. Buxtorfii nepotis *Catalecta philol. theol.* p. 442, et *Catal. bibl. Spizel.* inter mss. num. 147.

7 * Ejusd. משמיע ישועה *Mascmìa jescuà*, *Praeco salutis*, in fol. sine loco, sed Thessalonicae anno 286, Chr. 1526, in 4. Amstel. 404, Chr. 1644, et Offenbacii an. 527, Chr. 1767.

Thessalonicae prodiit prima illa rarissima editio, non Neapoli, ut notat Scabtaeus in *Sciftè jescenìm* p. 505, nec CPoli, ut Majus *Vita Abrab.* p. 16. V. *Annal.* nostros *heb.-typ. a MDI ad MDXL* p. 29, et 60. Perperam etiam Neapolitana illa editio, et quidem non unica, sed duplex obtruditur in titulo postremae Offenbaciensis, quam vidi apud judaeos Liburnenses, ut perperam testatur Carpzovius *Disput. acad.* p. 92 CPolitanam extare in bibl. academica Argentoratensi. Quarta denique, sed non integra ac potiores tantum prophetias complexa, Helmstadii Winckleri cura vulgata est in fol. sine anno et loco notato, de qua Majus cit. l. et Wolfius T. I p. 635. „ Inter libros, inquit Carpzovius cit. *Disp.* p. 1042, quos luci publicae exposuit (Abarbanel), ut impietate, si rem consideremus, ita, si tractandi modum, acumine palmam reliquis sine dubio dubiam facit decantatum illius משמיע ישועה „. Auctoris institutum est in hoc libro selecta varia septemdecim prophetarum oracula explanare, המורים מהכרח על הגאולה העתידה *quae necessario*, ut inquit in praef., *ostendunt redemptionem futuram*, שאין דרך לפרשם בדרך רוחני על ענייני הנפש בלבד כאשר רגשו גוים ולאומים *quaeque nulla ratione exponi possunt spirituali sensu de rebus ad animam tantum pertinentibus, ut obstrepunt gentes et nationes*, seu christiani, eaque demonstrare de futuris temporibus absolute intelligenda et adhuc implenda. Hinc de tempore adventus Messiae, de ejus nominibus, dotibus, characteribus, signis, operibus, regno, victoriis, de judaeorum liberatione, de edomaeorum seu christianorum destructione, aliisque similibus argumentis perpetuo contra nos disputat, plenissimumque sistit recentioris judaeorum de Messia nobisque oppositae theologiae systema.

8 * Idem liber משמיע ישועה sive *Praeco salutis in linguam latinam translatus ab Joanne Henrico Majo filio* 4. Francof. ad M. 1711. Praemittitur Vita auctoris ab interprete collecta, et adjiciuntur emendationes textus

rabbinici. Ita 1711 meum exemplar quod ad cel. Jo. Alb. Fabricium pertinebat, non 1712, ut habet Wolfius T. I p. 636. In praefatione observationes suas ad hunc librum promisit Majus, sed non edidit. Ante Majum latine verterat Jo. Wulferus, quam versionem MS. apud ipsum Wulferum servari, ut ex ejus ore perceperat, tradit Bartoloccius in append. ad T. III pag. 946. Idem olim consilium Scherzero et Cramero, idem Carpzovio, qui et versionis specimen in *Disp. acad.* edidit. V. Wolfium cit. l. et Koëcheri *Analecta* T. I p. 76.

9 Ejusd. Abrabanelis ישועות משיחו *Jescuòth mescichò*, *Salutes Messiae sui* MS.

Male deperditum testantur Wolfius T. I p. 638 et Boissi *Diss. pour servir à l'Hist. des juifs* T. II p. 291. Nec id notat praefatio editoris *Majenè ajescuà*, ad quam Wolfius appellat, sed tantummodo *ignorari locum ubi extet*, אך לא נודע מקום אי. Ejus exemplar habebat CPoli Jacobus Romanus, ut ex Legero animadvertit Buxtorfius in app. ad *Bibl. rabb.* p. 448, et ex Buxtorfio Wolfius ipse T. III p. 543. Aliud exemplar ex CPoli in biblioth. Colbertinam anno 1676 illatum possidet bibliotheca publica Parisiensis, ut constat ex ej. *Catal. mss.* T. I p. 18 cod. 199, ubi tamen mendose titulus exhibetur *Jeschuot Hammeschiach*, *idest salus per Messiam*. Libri institutum aperit Abrabanel ipse in *Responsione ad quaesita* R. Saul Coen fol. 12, dicens esse „ expositionem eorum omnium quae in Gemarà et Medrascim traduntur de Messia et redemptione, et literali sensu nequeunt interpretari „. Atque ut plurima sunt inter haec vetustissimorum rabbinorum testimonia et traditiones, quae favent christianorum caussae, ut alibi observavimus in *Esame delle riflessioni teol. crit.* p. 74, dubitandum non est, quin ea singula ad suum sensum detorqueat, multaque et in hoc libro adversus nos disputet. Quod vel ex eo patet, quod eum cum binis aliis *Majenè et Mascmìa jescuà*, qui certe ad antichristianorum classem pertinent, in unum corpus ac volumen, ut subdit, conjunxerit, quod מגדול ישועות *Migdòl jescuòth*, seu *Turrim* vel *Praesidium salutis* appellavit. Abrabanelis verba repetit *Scalscèled akkabbalà* fol. 64 b, non 44, ut habet Wolfius et ex eo Boissius c. l.

10 * Albo R. Joseph ספר עקרים *Sèfer ikkarìm*, *Liber fundamentorum*, vel *articulorum fidei*, fol. Soncini an. 246, Chr. 1486.

Item Thessalon. 281, Chr. 1520, in 4. Venetiis 281, Chr. 1521, Arimini 282, seu 1522, Venet. iterum 304, seu 1544, et 384, Chr. 1624, Lublini 357, Chr. 1597, et cum R. Ghedaliae fil. Salom.

Comm. עץ שתול *Arbor plantata* fol. Venet. 378, Chr. 1618. Ex hisce editionibus tres in manibus nostris sunt, Soncinensis omnium princeps, Ariminensis ac Veneta 1544 omnes rarissimae. Primam illam fusius illustravimus in *Annal. heb.-typ. sec. XV* p. 44, ubi et nonnullos bibliographorum errores emendavimus, brevius tres quae proxime sequuntur, in *Annal. a MDI ad MDXL* pag. 22 et 24. Opus hoc sat celebre, de quo plura Bartoloccius T. III p. 797 et Wolfius T. I p. 503, III pag. 381 et IV p. 848, dum judaica adstruit fundamenta, nostra identidem divellit, hucque potissimum trahendum caput XXV partis III, quod christianis totum oppositum est, in plerisque tamen, quod miror, editionibus ac fere omnibus retentum. Nam quod sciam, illud ommittunt solae Venetae an. 1618 et 1624, reliquae omnes servant, quamquam in iis tanta nostrorum fidei inquisitorum cura ac diligentia recisum vel obliteratum, ut rarissimum prorsus sit integrum et intactum exemplar. Ex Soncinensibus sane multis quae nactus sum, nullum reperi, ex reliquis unicum pretiosum, quod bibliothecam nostram exornat, et pertinet ad edit. Venet. 1544, de qua Carpovius in *Animadv. philol. crit.* p. 79 in notis. In cod. nostro 136 multa deleta. Integrum librum latine verterunt nonnulli a Wolfio allati, quibus *Miscellanea Duisburgensia* addunt J. C. Schollium, qui et illum praelo paraverat. Sed hucusque nemo edidit. Quae contra christianae religionis dogmata auctor scripsit, ea seorsim latine versa vulgavit strictimque confutavit Genebrardus. Vide ejus Albonis *Argumenta, quibus nonnullos fidei christianae articulos oppugnat*, 8. Parisiis 1566.

11 Ejusd. ספר אשר נתוכח עם הגמון אחד *Liber in quo disputatur contra quemdam episcopum*, hispanice MS.

Liber hic solius R. Abr. Zacuti fidei innititur, qui in *Juchasin* fol. 134 praeter *Ikkarìm* auctorem nostrum librum alium subdit composuisse בלשון לעז *lingua vulgari* seu hispanica contra episcopum quemdam, non memorato nec episcopi nomine, nec libri titulo. Wolfius qui eum ex Zacuto innuit T. I p. 505, addit *sive pontificem*, Rodriguez vero de Castro qui ex Wolfio *Bibliot. esp. rabb.* T. I p. 229, ex conjectura, ut opinor, subdit *contra lo actuado en la disputa de Geronimo de santa Fe, y contro lo dispuesto por el papa Pedro de Luna*. Quod prorsus incertum, nec sat Zacuti testimonio comprobatum. Idem cum nostro hoc vel cum *Ikkarìm* videtur liber מאה דפין *Centum folia*, quem ut de religionis articulis pariter disputantem auctori nostro vindicat Scabtaeus

p. 36 et ex Scabtaeo Wolfius c. l. *Scalscèled* enim *akkabbalà*, unde haec desumpsit Scabtaeus, illud unum notat fol. 61 b, non a, ut habet Wolfius, librum illum *a nonnullis dici esse centum foliorum* ו"יא שהיה ק' דפים, neutiquam vero praeseferre eum titulum. Scabtaei errorem alio suo auxit *Seder adoròth* fol. 170, Josephi Malcù nomen obtrudens.

12 * *Altercatio judaei Amstelodamensis cum Rittangelio* a Wagenseilio edita in *Telis igneis satanae* heb.-lat.

Per epistolas hinc inde datas. Versatur circa Jacobaeum oraculum et a pag. 328 ad 373 ejus operis progreditur.

13 Αντιθεσις Εϐραίων πρὸς χριστιανοὺς μετὰ Αθανασίου καὶ Κυρίλλου περὶ σταυροῦ καὶ ἐικόνων, *Disputatio judaeorum cum Athanasio et Cyrillo de adoratione crucis et sacrarum imaginum*, graece MS.

In bibl. Caesar. V. Lambecium T. V p. 136.

14 * Arama R. Isaac חזות קשה *Chazuth kascà*, *Visio dura* 4. Sabion. 312, Ch. 1552.

Aramam in hoc libro in christianos etiam et turcas insurgere recte observat Bartoloccius T. III p. 919. Praestat id praesertim sect. VII et VIII. Venetam editionem nescio unde hauserit Wolfius. De ea silent doctiores bibliographi judaei et christiani, et suppositiam puto, ut Sabionetensem alteram an. 1590, quam Bartoloccius et ex eo Wolfius addit T. I p. 687, et ex utroque Rodriguez de Castro *Bibl. rabb. espan.* T. I p. 361, qui praeterea hanc nostram neglexit. Conf. *Annal.* nostri *Sabion.* pag. 12 et 29.

15 Ariè seu Leonis R. Jacobi Jehudae *Disputas con diferentes theologos de la christianidad*, *Disputationes cum variis theologis christianis* hispan. MS.

Dan. Levi de Barrios *Vita Isaaci Uzielis* p. 49, Basnage *Hist. des Juifs* T. IX pag. 1059 et Wolf. T. III p. 466. Quum Middelburgensis is sit, forte Disputationes hae eaedem sunt cum *Colloquio Middelburgensi*, quod confutavit Mullerus. V. eund. Wolf. ib. p. 709, et quae infra sub R. Menassè ben Israel dicemus.

16 * Ariè R. Jehudae seu Leonis Mutinensis מגן וחרב *Maghèn vachèrev*, *Clypeus et gladius* MS.

Ineditum et ignotum celebris hujus rabbini opus antichristianum, quod in bibliotheca nostra extat. Vide cod. 1141 et ad eum adnotata. Dividitur in quinque מחנים *acies*, et acies quaelibet in מערכות *ordines*. Incipit autem ab originali peccato, quod constituit esse christianae religionis fundamentum, primaque verba vel verborum elementa ידיעת השרש ועקר דת הנוצרים אשר ראשו יסוד האמונה, produnt auctoris nomen ac cognomen *Jehudà Ariè*. Peccatum illud aggreditur acies I, II trinitatem, III incarnationem, IV Mariae virginitatem seu servatoris nostri ortum ex virgine, V ubi de Messia et ejus conditionibus, illius characteres et notas. Qui fol. 40 supplevit, notans in inferiori margine libri acies vel sectiones, quatuor alias subjicit, de morte et resurrectione, de aeternitate legis, de diuturnitate exilii, de imaginibus, missa et eucharistia, quas scriba non descripsit, nec codex continet.

17 Athiae Isaaci *Versio hispanica* libri *Chizùk emunà* seu *Muniminis fidei* R. Isaaci fil. Abr. MS.

Extat in Bodlejana. V. *Catal. mss. Angliae* T. II n. 3608 et Wolf. T. III p. 546 et 610. Hancque versionem eam esse puto quae inter hispanos judaeos, Amstelodamenses praecipue, circumfertur, ac memoratur a Basnagio *Hist. des Juifs* T. IX pag. 938 et a Collinio *The Discourse of the grounds of christianity* pag. 82. Item eandem cum hisp. *Confirmatione fidei judaicae contra christianos*, quam ex ms. nota Rudolphi Capelli recenset Wolfius T. II p. 1051.

B

18 * Bechai ben Ascer ביאור על התורה *Biùr àl attorà*, *Expositio* seu *Comment. in Pent.* in fol. Pisauri an. 267, Chr. 1507.

Et ibid. 274, 277, Chr. 1514, 1517, CPoli 277, Chr. 1517, et Arimini 286, Chr. 1526. Hae potissimum antiquae editiones consulendae, ut et mss. codices, in quibus quae habet Bechai in christianos injuria, integra vel fere integra retinentur, non posteriores, in quibus sublata. Binas priores possidemus, singulas autem illustramus in *Annal. heb. a MDI ad MDXL*. Quae ante Pisaurensem primam factae perhibentur, falsae sunt. V. *Annal. sec. XV* p. 152 et 159.

19 * בשורת משיח בן דוד *Bescoràd*, sive *Evangelium Messiae filii David* MS.

Seu de ejus regno, fide una, pace universali et aeterna, israelis redemptione, reaedificatione Jerusalem, vita longaeva, bellis Gog, confirmatione legis mosaicae, de caussa exilii, ejus diuturnitate etc. Ignoti auctoris libellus quem exhibet cod. noster 1201.

20 ביאת המשיח *Biad ammasciach*, *Adventus Messiae* MS.

Ex ms. nota Amstelodamensi, quae subdit: כולל ייעודי הגאולה העתידה מתנך שעדיין לא נתקיימו „ Complectitur testimonia futurae redemptionis ex lege, prophetis et agiographis quae hucusque non sunt adimpleta „. Nota futurum Messiae adventum et judaeorum redemptionem, qualem ii expectant, non modo doctrinae nostrae opponi, sed et cum christianorum destructione conjungi.

21 * Bibago R. Abraam דרך אמונה, *Dèrech emunà*, *Via fidei*, f. CP. 282, Chr. 1521. Non 1522, ut habent Bartoloccius ac Wolfius. V. *Ann. a MDI ad MDXL* p. 23. Sect. v, ubi de fidei articulis, non pauca contra nos disputat in exempl. nostro deleta. Articuli ipsi nobis oppositi. V. Jo. Henr. Wolf. *Annot. ad praef. Michtam ledavìd* p. 14 et Christoph. Wolf. T. IV p. 755. Conf. etiam Bartol. et Basnagius T. IX pag. 539, qui tamen male librum R. Scem Tov Legionensi adscribunt. Idem de Maimonidis *Articulis* sentit Buxtorfius in *Synag. jud.* p. 24.

22 * Briel R. Jehudà השגות על סיפורי השלוחים *Assagòth hàl sippurè asceluchìm*, *Animadversiones* vel *Argumenta contra narrationes apostolorum* seu *Evangelia* MS.

Extat in bibl. nostra in cod. 1202, ad quem conferantur adnotata. Auctorem quaedam ad veritatem religionis judaicae stabiliendam scripsisse ex Contarini testimonio jam monuerat Wolfius T. III pag. 306. At vero quae ea fuerint, nec ipse, nec post eum alius quispiam prodidit. Tria nos hic primum exhibemus, quae feliciter corrasimus, et acquisivimus. Nostrum hoc Briel ipse citat in *Risposte al Pinamonti* fol. 48, et 120 „ come da me accennate in operetta ebraica intitolata *Argomenti* o siano *Opposizioni agli Evangelj* „. Codex noster nonnisi solum Matthaei librum ejusque examen complectitur usque ad cap. XIX. In mutilo alio exemplari, quod habui olim prae manibus, post IV Evangelia examinabantur etiam *Actus apostolorum* et *Epistolae divi Pauli*.

23 * Ejusd. *Risposte al libro del P. Pinamonti, intitolato la Sinagoga disingannata* italice MS.

Antichristianum aliud nostri rabbini scriptum, bibliographis omnibus et ipsum ignotissimum, quod bibliotheca nostra suppeditat, cujusque notitiam in polemico nostro opusculo *Della vana aspettazione degli ebrei* olim exhibuimus. V. p. 44, 57 et 101, nec non ejus apologiam *Esame delle riflessioni teol.-crit.* p. 64. Ad calcem dicitur absolutum die XII junii an. 1702, a mundi creatione 5462 mense sivan. Auctor autem, qui sub initium hujus seculi Mantuanam synagogam regebat, maximique a suis habebatur, die III mensis av an. 482 seu 1722 diem obiit supremum, ut constat ex R. Simsonis Coen Modon *Kinà*, seu *Lugubri carmine* in ejus funere eodem anno Venetiis edito.

24 * Ejusd. *Breve ragionamento sopra i miracoli* italice MS.

Dissertatiuncula paucarum paginarum in 8., quam ex judaei apographo manu nostra descripsimus, a nemine memorata, quae aperte in fronte et ad calc. dicitur *di R. Lion*

Brielli. Patet hinc ita per *Briel* efferendum nostri auctoris cognomen, non *Beriel*, ut habet Wolfius c. l.. Ea summam quamdam, ut notat auctor, sistit eorum quae saepe ipsi accidit doctis hominibus (christianis) respondere qui conabantur religionis veritatem ex miraculis demonstrare.

25 * Bonfir R. Salomonis כתב *Chedàv*, *Epistola ad magistrum Estrok* 8. sine an. et loco, sed CPoli sec. XVI.

Una cum Peripothi *Epistola*, quam male Sabionetae excusam putat Wolfius T. III p. 950. V. *Annal.* nostros *heb.-typ. Sabion.* p. 18 et quae infra dicemus ad eam Epistolam. Illud etiam mirum Wolfium in rarissimae ejus editionis quae apud nos extat, descriptione *Epistolae* magistri Estrock mentionem facere, nostrae vero multo fusioris quae subjicitur, nullam Extat etiam haec *Epistola* in ms. codice Warneriano bibl. Lugduno-batavae. V. ejusd. *Catal.* n. 62 p. 289. Sed mendose per ד expresso cognomine *Bonfed*, quem errorem sequitur Wolfius T. I p. 1043 et II p. 1313.

C

26 *Carascon* liber hisp. pro religione judaica adversus catholicos 12. Nodriza 1633.

Auctoris anonymi. Wolfius T. IV p. 487, qui testatur se eum vidisse Amstelodami apud

Fundam bibliopolam judaicum hispanicum, ejusque plagulas produci usque ad literam s.

27 Chaiim (R.) ben Masusà Coèn מגן ורמח *Maghèn veròmach*, *Clypeus et hasta* MS.

Scabtaeus in *Sciftè jescenìm* p. 39, *Seder adoròth* fol. 170 b, Buxtorfius *Bibl. rabb.* ex Legero pag. 114 ed. Herborn. 1708, Hottingerus *Bibl. or.* pag. 22, Bartoloccius T. IV p. 38 et 359, et Wolfius T. I pag. 616. Notant omnes esse disputationem contra christianos, sed in cognomine paullisper dissentiunt Legerus et Hottingerus, quorum alter habet ben Mousa, alter ben Moasa. Bartolocc. ben Mosa. Mendose nonnulli Kain.

28 R. Chasdai Kreskas מאמר *Maamar*, *Tractatus de articulis religionis* hisp. MS.

Laudat R. Joseph ben Scem Tov in praef. ad *Comm. in Peripothi epistolam*. Postquam enim statuit הדרך הה׳ דרך מי שחשב להיות שואל ובקשה על כל אחד מעקרי האמונה הנקראים ארטיקו״לוס וראה, להניח הקדמו׳ בתחלה אשר יודו בהם שתי הכתו׳ ובהם המאמרים הנצוחיים אשר בם יוליד תולדותיו מחייבות או שוללות » quintum disputationis modum ab eo teneri qui introducit interrogantem et objicientem super unoquoque ex religionis fundamentis quae *articuli* vocantur, ac praeliminaria primum constituit, in quibus binae sectae consentiunt, simulque probabilia effata, ex quibus consequentias eliciat affirmativas vel negativas », subdit ועל דרך זו דרך החכם רבינו חסדאי קרשקאש ז"ל במאמר אשר חבר בלשון ארצו והוא מאמר יקר מאד » modum hunc sequi sapientem R. Chasdai Kreskas fel. m. in *Tractatu* aestimatissimo, quem patria lingua composuit », hoc est, ut opinor, hispanica, quum esset Caesaraugustanus. Patet ex his eum diversum esse ab edito nostri auctoris אור ה' *Or adonai*, ac propterea ignotum. Heb. hujus libri versionem aliumque nostri auctoris tractatum vide sub R. Joseph ben Scem Tov.

29 * ס' כבוד אלהים *Liber Chevòd elohìm* seu *Gloria Dei* MS.

De libro hoc antichristiano, quem sistit codex noster 75, silent bibliographi omnes, judaei ac christiani. Constat is octodecim capitibus. » Cap. I ostendit quod nos ob iniquitates nostras legisque cessationem exulamus a terra nostra, non ob necem Jesu, II quod Messias venturus sit, nec ut dicunt, advenerit, III refutatur quod asserunt, venisse Jesum ad delendam iniquitatem et salvandas animas, IV item ad implendam legem, ac novam dandam, V diluitur Mariae virginitas, VI divinitas Jesu, VII Dei trinitas, VIII eucharistiae sacramentum, IX baptismus, X circumcisionis abolitio, XI originale peccatum, XII nova Jesu lex, XIII de Romano pontifice, XIV disputat contra Evangelia, XV solvuntur difficultates an Deus omnia possit, xvi de hominis retributione et poena, xvii christianorum argumenta ex versibus Pentateuchi et ad ea responsio, xviii eadem ex Isaia propheta cum eorumdem solutione. Anonymus auctor non ex Mosis modo ac prophetarum testimoniis, sed et saepissime ex Evangeliis nostris, novique foederis scriptoribus et contra eos argumentatur. Fert autem codicis titulus eum Venetiis conscriptum fuisse an. 450, seu 1690.

30 * Coèn R. Mosis עזר האמונה *Ezer ahemunà*, *Munimen fidei* ms.

Memorant quidem hunc librum bibliographi non pauci, judaei ac christiani, sed plerique ex solo nomine vel titulo, ut non videantur eum vidisse. Scabtaeus ipse, Zacuto ac Jachiade paulo plenior, ad praef. *Comment. in Peripothi epistolam* provocat pag. 57, notatque continere פלפולים באמונת הנוצרים מתנ"ך *disputationes contra religionem christianorum ex sacris Bibliis*. Scabtaeum sequitur *Sedei adoròth* fol. 174, et Wolfius T. I p. 831. In nostra hac bibliotheca tria servantur mss. exempla. V. ejusd. *Catal.* ad cod. 28, 74 et 121. Occasionem operi dedit disputatio, quam in Abulensi urbe habuit auctor cum judaeo converso, cujusque acta, ut ipse in praef. narrat, ac responsa a se data illius synagogae ac Toletanae primores expetierunt. Loca quae hic examinantur, sunt CXXV, ex sacris libris, ut recte observat Scabtaeus, objecta et desumpta, non ex Talmude, ut parum accurate habet Rodriguez de Castro in *Bibl. rabb.* p. 627. Ex ea autem praefatione constat anno 135, seu 1375 nostro illud fuisse compositum.

31 Conigliano Abr. Joelis Veronensis *Objetti*, seu *Objectiones adv. christ. religionem*.

Extant in Benetelli *Dardi rabbinici infranti* 4. Ven. 1705, qui in praefatione se ea ex patre Bonaventura Spina, hunc autem ex judaei ipsius ore ait accepisse, simulque cum iis que Sanson Marpurgus objecerat, in eo opere confutat. Utraque autem objecta adversus antijudaicum ejusdem Benetelli opus potissimum directa sunt, quod inscripserat *Saette di Gionata*. V. Mazzuchelli *Scrittori d'Italia* T. II P. II p. 833.

32 *Colloquium Mittelburgense* latine MS.

Lusitani judaei, quod passim in *Atheismo devicto* confutat Mullerus, et de quo Wolfius T. I p. 742. Alterutrius auctoris, R. Jacobi Jeh. Ariè vel R. Menassè ben Israel, illud esse conjicitur. Conferantur quae ad utrumque observamus.

33 כויה תחת תשובה על המינים *Chevià*, seu *Adustio loco responsionis contra haereticos* vel *christianos* MS.

Munsterus praef. ad *Evang. Matthaei* et ex eo Wolfius T. II p. 1051.

D

34 Dato R. Mardochaei מגדל דוד *Migdàl Davìd*, *Turris David* MS.

Agit de Messia ac futuro ejus adventu, et judaeorum liberatione, quam ostendit anno 335 seu 1575 esse expectandam. V. R. Azar. de Rubeis *Meòr enàim* fol. 139, Jachiadem in *Scalscèlled* fol. 47, Scabtaeum p. 38, ex nostris Buxtorfium, Hottingerum, Bartoloccium ac Wolfium, de ea autem epocha opusc. nostrum *De vana judaeorum expectatione* pag. 135.

35 * Ejusd. שמן המשחה *Scèmen ammischà*, *Oleum unctionis* MS.

Seu ineditus, ignotus et autographus ejus *Commentarius in Aphtaròth* vel *propheticas sectiones totius anni*, qui extat in nostra biblioth. in cod. 29, de quo plura in edendo *Catalogo*. Non multa modo in eo habentur de Messia ejusque adventu, signis, ac gestis, sed et totus est Mardochaeus, ut prophetias de futura suae gentis liberatione explicet et illustret. Illius compositionem absolvit an. 349, seu 1589, nosque ejus notitiam olim dedimus in lib. *Della vana aspettaz*. pag. 22, et in *Var. Lect. V. T.* T. I pag. XCIX.

36 David Nasì הודאת בעל דין *Odèad bàhal din*, *Confessio adversarii* MS.

Apud judaeos Amstelodamenses ex ms. nota ad me transmissa, quae' tradit » continere testimonia XII apostolorum Jesu, quorum os testatur contra eos in evangelio, in apostolo (Paulo), et expositoribus ejus, ad confirmanda XIII fundamenta legis mosaicae, et evertenda IX fundamenta religionis eorum ». De auctore et opere, quod dicitur Cretae compositum, silet Wolfius.

37 *Dialogus judaei cum christiano* ab Alphonso editus MS.

Extat in bibl. Bernensi. V. *Catal.* p. 127.

38 Διάλεξις sive *Disputatio inter judaeum et christianum*, graece MS.

Habet bibliotheca Caesarea Vindobonensis et incipit Ερώτησεν ὁ ἰουδαῖος τὸν χριστιανὸν. V. Lambecii *Comm.* illius bibl. T. VIII p. 43. Eadem videtur cum *Disputatione inter judaeum et christianum de Messia* quae graece extat in Vaticana n. 687 in 4. pag. 200. V. Bartolocc. T. II pag. 806.

39 *Disputatio judaei cum christiano* lat. MS.

A Gisleberto edita qui et epistolam addidit ad archiepiscopum Cantiburgensem. Extat et quidem ter in bibl. Bernensi. V. ej. *Catal. mss. codicum* a Sinner vulgat. p. 82. *Disputatio illa* MS. *a judaeo quodam adversus christianos habita Barcinone* coram rege quam servat bibl. publ. Parisiensis in cod. 243, Nachmanidis proculdubio est. Antichristianam suspicor *Disputationem* alteram *de Christi divinitate et incarnatione* anonymi judaei cod. 249. V. ej. *Catal. mss.* T. I pag. 24.

40 *Disputatio contra Anastasium* sive *inter judaeum et Anastasium christianum de adventu Messiae* a Paschali de Roma latine translata MS.

Transtulit ad honorem ven. patriarchae Grandensis an. 1158. Dialogi forma utitur et extat in Vaticana inter mss. lat. num. 4265 pag. 197 in 4., teste Bartoloccio T. II pag. 806. Fuit etiam in Uffenbachiana. Conf. *Bibl. Uffenbach. compendiaria* MS. p. 563 num. VI II ap. Wolf. T. IV p. 483. Disputationes reliquas vide sub *Vicùach*.

41 *Dos dialogos compuestos en marouecos* hispan. MS.

Partim confirmare conatur auctor religionem judaicam, partim oppugnare christianam, Wolfio teste qui ms. hoc possidebat, T. IV p. 487, et 726, ubi uberius illud delineat. Folia summa titulum praeseferebant *Fortificacion de la Fèe*.

E

42 Eliae de Nistratos ויכוח *Vicùach*, *Disputatio cum Francisco de Aquapendente* MS.

Ex ms. nota judaei Amstelodamensis.

43 אמת תורת משה *Emèd toràd Moscè*, *Veritas legis mosaicae* per dialogos hisp. MS.

In *Bibl. Sarrasiana* pag. 10. Wolf. T. II p. 1263, qui idem forte esse conjicit cum alio ej. tituli opere R. Saulis Morterae, quod in eadem bibl. recensetur p. 8 n. 86. Ita *Saulis* corrig. in Wolfio pro *Sam.*

44 Engelsberger Ferd. Franc. תולדות ישו *Toledòth Jescù*, *Generationes Jesu* MS.

Ex judaeus relapsus, qui inter suos vocabatur R. Chaiìm. Librum in servatorem nostrum blasphemum Viennae an. 1640 prodiisse scribit Bartoloccius, sed parum probabiliter, ut recte observat Wolfius T. I p. 982. Eum eundem esse cum anonymo altero sat celebri ejusdem furfuris libello a se antea confutato perperam putat Basnagius *Hist. des juifs* T. IX p. 968.

F

45 R. Feithel et R. Senderlein *Discurs wie die christen zu verderben.*

Sine pleniore titulo, tamquam editum, commemorat *Catal. bibl. Vockerodtianae* parte I pag. 247 num. 35 et ex eo Wolfius T. IV pag. 489.

46 Frissol R. Abraham מגן אברהם *Maghèn avraàm*, *Clypeus Abrahae* MS.

Ita Frissol, non Peritzol, ut communiter dicitur, auctorem appellandum ex autographis ejus notis demonstramus ad cod. nostrum 48 et 145. Nec aliter eum appellat

R. Menassè ben Israel in libello suo *Esperanca de Israel* p. 45, 46 et 56. Liber, ut notat Scabtaeus, in duas partes dividitur, quarum altera disputationem sistit inter judaeos et christianos, altera agit de judaeis ultra fluvios Aethiopiae et flumen Sabbation degentibus. Extat teste Scabtaeo apud judaeos Amstelodamenses, et in Bodlejana n. 3717. Vidimus et nos apud judaeos Mutinenses ac Florentinos. De eo Wolfius T. I pag. 90 et IV pag. 767, ubi ex Gagnerio Bodlejanum exemplar describit.

47 * Ejusd. אגרת ארחות עולם *Ighèred orcòth olàm*, *Epistola itinerum mundi*, 8. Ven. 347, Chr. 1587.

Huc referri etiam potest alterum hoc Frissolii nostri opusculum, quod christianis potissimum opposuit contendentibus et improperantibus judaeis, eos non habere amplius regem ullamque futurae redemptionis spem. Id ut refutet, in medium profert vastissima sed ficta suorum regna. V. Bartol. T. I p. 121. Heb. et lat. edidit Hyde 4. Oxon. 1691 et in ej. *Miscell.* an. 1767, recuditque Ugolinus in *Thesauro antiq. sacr.* T. VII p. 2. Ferrariensis editio an. 1525 fictitia est. V. *De typogr. heb. Ferr.* pag. 103, et *Annales heb. typ. a MDI ad MDXL* p. 60. Extant in manibus nostris primae duae editiones, ambae rarissimae et MS. in cod. 300.

48 * פואינטי קלארה *Fuente clara*, *Fons clarus*, hispanice, sed char. rabb. 4. sine a. et l.

Anonymi judaei hispani qui floruisse videtur suumque librum composuisse sec. XVI. Hoc eodem seculo exeunte vel ineunte XVII is editus. Integer titulus: פואינטי קלארה אין אישטי ליברו שי קונטיני טודו׳ לוש פסוקים די נואש׳ ליי שאנטה אי די לוש פרופיטש אין לוש קואליש לוש נומבראדוש טיאולוגוש אי קירישטיאנו׳ טראין פאר׳ אין פורטאלישירין שו פי אי שי דיקלארה פורקי מודו שי שונבאירון מאל אינטינדיינדו אי קונרונפיינדו לוש פסוקי׳ אין לוש קואליש שי אפיגאן כי ישרים דרכי ה׳ וצדיקים ילכו בם ופשעים יכשלו בם אין לאש קואליש דרכי ה׳ אישטוש ריביליאדוריש אינטרופישאן אי פאזין אינטרופישר אפיגוש די ישראל קומו מוי קלארו שי אינטינדירה » Fuente clara. En este libro se contiene todos los pesuchìm (versus) de nuestra ley santa, y de los profetas, en los quales los nombrados teologos y christianos traen para enfortalezeren su fe, y se declara por que modo se sonbajeron, mal entendiendo y corrompiendo los pesukìm, en los quales se apegan, chì jescarìm darchè adonai vètzadikìm jelecù bam ufoscehìm iccascelù bam (quoniam rectae sunt viae Domini, et justi incedunt in iis, praevaricatores autem impingunt vel errant in iis), en los quales caminos del señor estos rebeladores entropiezan y facen entropezar a fijos de Israel, como muy claro se entienderà ». Vel ex titulo ipso patet quam acriter auctor contra nos disputet, quibusque conviciis theologos nostros proscindat. Constat opus capitibus XXX foliisque 106, tantaeque raritatis est, ut bibliographi plerique ac fere omnes de eo sileant, et unicum hucusque notum esset Colbertinum exemplar, quod memorat illius bibliothecae *Catalogus* parte II n. 5029, et ex eo Wolfius T. IV pag. 487, quin tamen definiat, num ms. sit, vel impressum, cui nostrum hoc integerrimum modo accessit.

G

49 Gabriel fil. Aaron *Glossae in* R. Isaaci חזוק אמונה *Chizùk emunà* hispanice MS.

Habebat Mullerus. V. ej. *Judaismum detectum* in indice scriptorum, Wagenseil praef. ad eum librum in *Telis igneis*, Bartol T. III p. 946, et Wolf. T. I p. 276 et 942.

50 Galipapa R. Chaim עמק רפאים *Hèmek rephaìm*, *Vallis gigantum* MS.

De Messiae adventu et futura judaeorum redemptione. R. Scabtai p. 59, Buxtorf. p. 161, Hotting. *Bibl. or.* p. 18, Wolf. T. I p. 372, et III p. 254, ubi notat extare in bibl. Oppenheimeri. In *Catal.* non extat.

51 * Gersonidis R. Levì פי' דניאל *Comm. in Danielem* 4. sine an. et loco et in Bibliis rabb. Venetis 1517.

In binis istis editionibus, ut et in mss. codicibus, antichristiana non pauca habentur. De priori illa V. *Ann. sec. XV* p. 124, de posteriori *Ann. MDI ad MDXL* p. 15. Ms. extat in Vaticana et Sorbona, et quinquies in nostra. V. cod. 273, 402, 461, 498 et 1045.

I

52 R. Jacob ben Amràm שער אמת *Scàhar emèd*, *Porta veritatis*, latine MS.

Liber antichristianus anno 1634 conscriptus, quem ex Cudworthi bibliotheca accepit, ejusque contra N. T. exceptiones confutavit Kidderus in *Demonstr. Messiae* parte III cap. III, testans in praef. christianam religionem in eo tam acerbe impugnari, ut simile illi exemplum non extet, nec in posterum sit expectandum. Eum profert etiam Allixius in praef. ad *Epistolas de duplici adventu Messiae*. V. Wolfium T. I p. 581 et III pag. 442. Codex ipse, quem Kidderus possidebat, extat nunc in bibl. collegii Balliolensis, cui ille donaverat, ut monet Kennicottus *The state of the heb. text*. Diss. II p. 595, lat. vero versionis p. 574. » Totum opus in tres partes divisum est, quarum I agit de simplicissima et omnino immultiplicabili unitate Dei veri, II de perpetua duratione legis Mosaicae et aeterna electione populi Israel, III de unico eoque futuro adventu Messiae puri hominis de virili semine David ». Haec Brunsius in *Annal. Helmst.* 1784 p. 293, qui ms. ipsum evolvit, exscribitque ibidem quae §. 505 auctor explicationi christianorum LXX hebdomadum Danielis objicit.

53 R. Jacob fil. Ruben מלחמות יהוה *Milchamòth adonài*, *Bella Domini*, MS.

Est disputatio de fide christianorum per dialogum instituta inter duos, quorum alter dicitur מיחד *mejachèd* seu *unitarius*, alter מכחד *mechachèd* seu *negans*, et in XII sectiones divisa, ut notat R. Scabtai in *Sciftè jescenìm* p. 43 n. 181, et ex eo *Seder adoròth* fol. 171 b, ac Wolfius T. I p. 614. Bartoloccius tribuit karaeo hujus nominis scriptori. Wolfius diversum putat tum cit. l., tum in notis ad Mardochaei *Notitiam karaeorum* pag. 140, sed ratio quam subdit, *non aliud extare karaitici adversus christianos libri exemplum*, nulla. V. infra R. Isaaci *Chizùch emunà*. Extat opus in bibl. Bodlej. n. 3718.

54 * R. Jechiel fil. Josephi ויכוח *Vicùach*, *Disputatio cum Nicolao*, a Wagenseilio edita in *Telis igneis* heb.-lat.

Ex cod. Argentoratensi, sed a fine mutila. Paullo plenior ac diversa extabat in bibl. Uffenbachiana. V. ej. T. III p. 23 et Maii *Catal.* P. I. pag. 386. Quod exemplar in manus suas devenisse testatur Wolfius T. IV p. 718. Respicit potissimum Jesum Talmudicum, quem Nicolaus ille exjudaeus objicit, negat Jechiel nostrum esse. V. Wolf. T. I p. 573 et III p. 431.

55 R. Jehudae filii Betzalel נצח ישראל *Nètzach Israèl*, *Victoria Israelis*, fol. Pragae an. 359, Chr. 1599.

Libri institutum auctor ipse aperit in fronte. » Ostendit, quod non repellet Deus populum, quem placuit ei sibi creare, nec deseret haereditatem quam elegit, ולא ישקר נצח ישראל nec mendacem vel irritam reddet *Victoriam Israel*, mittetque nobis redemptorem et aedificabit cito in diebus nostris arielem ». Agit ergo de futura judaeorum per Messiam redemptione summaque felicitate ab eo afferenda.

56 * R. Jehudae Levitae ס׳ כוזרי *Liber Cozrì* vel *Cuzarì* 4. Fani 266, Chr. 1506 et Ven. 307, Chr. 1547.

Item cum Com. Jeh. Muscati Ven. 354, seu 1594, et cum lat. Buxtorfii vers. Basil. 1660. De religionis veritate celebris hic sistitur inter judaeum, gentilem philosophum, turcam et christianum disputatio, arabice primum ab eo auctore conscripta et a Jehuda Tibbonide hebraice translata, in qua argumenta se exhibere et responsiones contra dissentientes ab hebraeis ex philosophis ac variarum religionum hominibus et contra haereticos testatur auctor ipse sub initium praefationis. Porro sub nomine אנשי התורות *variarum religionum hominum* christianos ac turcas designari ipsa operis ratio evincit, monetque aperte ad marg. cod. meus ms. hujus libri 1105 הם אדום וישמעאל *Hi sunt edomaei* seu christiani *et ismaelitae*. Hoc idem docet argumentum 1 tractatus eidem codici praefixum. » Tract. 1 agit de religione philosophorum... et de erroribus הנוצרים *christianorum* et ismaelitarum ». Contra verba illa חוץ מהנוצרים *christianis exceptis*, quae subdit editio Veneta secunda et Buxtorfiana, nullus codex agnoscit, nec habent Fanensis ac Veneta prima. Quae utraque rarissima editio in manibus nostris est. Conf. quae in hanc rem diximus in *Catal. mss. nostr. codicum* ad cod. 601. Ms. extat in Bodlejana, Colbertina, Taurinensi, Oppenheimeriana, et quinquies in nostra in codicibus 601, 625, 676, 1095, 1105.

57 * Idem *Liber Cosrì continens colloquium seu disputationem de religione* latine ex vers. et cum not. Jo. Buxtorfii fil. 4. Basil. 1660. Cum heb. textu ex Veneta II hausto. Sed in notis etiam variae lect. Ven. I passim exhibentur.

58 * Idem *Cuzari traduzido del ebrayco en espanol y comentado por el Hacham R. Jaacob Abendana* 4. Amsterd. 5423, Chr. 1663.

Versionem hanc commendat summopere ac Buxtorfianae ipsi praefert Simonius *Nouv. bibliot. choisie* T. I p. 137. Est sane integrior, seu ex integriore textu desumpta. V. Wolf. T. I p. 578. Est et multo rarior.

59 * R. Josephi fil. Scem Tov פרוש *Perùsc*, *Commentarius in Peripothi epistolam* 8. sine anno et loco.

Una cum *Epistola* ipsa, de qua infra plura. Philosophice disputat contra trinitatem, incarnationem, Messiae divinitatem, ej. ortum ex virgine, eucharistiae sacramentum aliaque nostra dogmata, ac praeter varios philosophos et interpretes profert nonnullos libros antichristianos, in praefatione potissimum, ubi de diversis disputandi modis ac generibus agit. Ms. cum Peripothi textu legitur in cod. XIV plut. III bibl. Laurentianae, ut patet ex Biscionii *Catal.* T. I pag. 455, qui tamen perperam subdit nullam ejus apud bibliographos fieri mentionem. Facit enim ut alios praeteream, Wolfius ipse quo utitur, T. I p. 572 et 992, et III p. 950.

60 Ejusd. מאמר *Maamar*, seu *Tractatus de religionis articulis* R. Chasdai hebraice versus cum scholiis MS.

Ut hispanici hujus polemici operis R. Chasdai, sic et hebr. nostrae versionis nulla in bibliographis vestigia. Praecedit praefatio interpretis, in qua narrat se *Commenta-*

rium in egregiam ac celebrem Peripothi epistolam olim edidisse, in cujus exordio quum sex diversos modos commemoraverit a doctoribus suis in christianorum confutatione servatos, et sub quinto quid fecerit R. Chasdai in libro patrio sermone ab eo conscripto, eumque sibi verti exoptarint discipuli sui, se eorum votis satisfecisse ac transtulisse. Sequitur praefatio alia auctoris, quae articulos recenset, in quibus natio utraque dissentit, judaica ac christiana, deinde vero liber ipse qui decem constat capitibus. Cap. I agit de poena primi hominis, II de redemptione culpae originalis, III de trinitate, IV de incarnatione, V de Mariae virginitate, VI de eucharistia, VII de baptismo, VIII de Messiae adventu, IX de nova lege, X de daemonibus. Supplens interpres cap. III quod nimis contracte ex Abu Achmet *Apalad filosofìm*, seu *Destructione* vel *Confutatione philosophorum* et ex Gersonidis *Milchamòth adonai* christianis objicit auctor, nomen suum pandit ter repetitum אמר יוסף *Dicit Joseph*, quod de nostro ben Scem Tov esse intelligendum manifeste colligitur ex *Commentario in Peripothi epistolam*, quem sibi adscribit tum in praefatione, tum in epigraphe, qua versionem suam claudit, subdens se eam concinasse in urbe Alkalà de Henares seu Compluti anno sexti millenarii 211, aerae nostrae

1451. Illud autem animadversione dignum quod in hac eadem epigraphe testatur וכבר מצאתי לרב הזה, מאמר אחר השיב עלי' בראיות נבואיות » alium se hujus doctoris tractatum reperisse, quo eos seu christianos argumentis ex prophetiis deductis refutabat », qui et ipse est ignotissimus, nisi alterutrum eundem forte esse conjicias cum ויכוח הדת *Disputatione* illa *de religione*, quam scriptores plerique incerto auctori, Abrabanel vero, ut supra observavimus, Abrahamo ben Chasdai attribuit. Subjiciuntur ad calcem in ms. codice תשובות seu *Responsiones* quaedam ad versus varios ex sacris scripturis desumptos, quae alterius auctoris esse videntur.

61 * R. Josephi ben Jachia פרוש על הכתובים *Comment. in agiographa*, fol. Bononiae 298, Chr. 1538.

Male a Bartoloccio ad Massam et an. 288 seu 1528 relatus. In Cant. Thren. Psal. et Dan. multa habet antichristiana in exempl. nostro deleta vel abrasa. Quae in Dan. occurrunt, castigavit Constantinus l'Empereur. V. ej. *Jachiadae Paraphrasis in Dan.* 4. Amstelod. 1633.

62 Joseph Nasì בן פרת יוסף *Ben poràth Josèf*, *Filius fructificans Joseph*, 4. CPoli an. 337, Chr. 1577.

Sistit disputationem quam cum christiano quodam habuerat de religione, ab Isaaco

Onkenera qui interfuerat, descriptam, cujus praefatiuncula praecedit. Dialogo utitur. Auctor perpetuo appellatur השר הדוכוס *princeps, dux*, quod et nomen Nasì significat, christianus המקשה *objiciens*. Est 8 foliorum opusculum, quod dicitur in titulo CPoli excusum mense jiar an לקר"בה in domo Josephi fil. Isaaci Jahbetz. Vidi Mediolani in Ambrosiana, habetque Oppenheimeriana et Bodlejana, in cujus *Catal.* p. 365 male binae voces פלפלא חריפא *disputatione acuta* pro christiani nomine accipiuntur. Auctor exchristianus Lusitanus est, antea Jo. Mica appellatus, hinc *gher*, seu *proselytus* dicitur a R. Scabtai p. 13 et in *Seder adoròth* fol. 165, ubi pro נוצרי *cum christiano* mendose legitur מצרי *cum aegyptio*. Conf. Buxtorfius *Bibl. rabb.* p. 52 et Wolf. T. I p. 550 et III p. 415.

63 * R. Isaaci fil. Abrahami חזוק אמונה *Chizùk emunà*, *Munimen fidei*, 4. Altorfi 1681 in *Telis igneis satanae*, et 12. Amstelod. an. 465, Chr. 1705.

Trocensis Lithuanus, et quidem secta karaeus, non rabbanita, ut communiter habebatur, est auctor. V. R. Mardochaei *Dod Mordachai* seu *Notitiam karaeorum* p. 149, et Wolfii *Accessiones* 1721 p. 41, Ungeri *epistolam* ib. editam p. 42 eundemque Wolf. *Bibl. heb.* T. III p. 545, qui et T. I p. 641 fuse de hoc opere loquitur. Opus ipsum, quo nullum extat in hoc genere gravius, nullum pestilentius, in duas partes dividitur, quarum primam, quae capitibus constat 50, in confirmanda judaeorum religione et doctrina, alteram quae 100, in christiana destruenda occupari male illius editor Josephus filius Mardochaei et Wolfius conscribunt. Utraque enim pars contra nos agit, ut ex indice et ex primo ipso capite I partis eruitur, in quo demonstrare conatur auctor, Jesum Nazarenum non esse verum Messiam, nec de eo prophetas fuisse vaticinatos, et ex nono ac sequentibus, in quibus contra trinitatem, Messiae divinitatem, adventum, originale peccatum, Mariae virginitatem, Mosaicae legis abrogationem etc. pluribus disputat, ac singula quibus innitimur, scripturarum loca diligenter examinat. Cap. vero XLIV ac seqq. varia item adversus nos urget argumenta et objectiones. Pars II tota in refutandis evangeliis ac N. T. libris impenditur. Ut singuli libri ac singula eorum capita in hac excutiuntur, ita retinetur eorum ordo. Integrum opus anno 353 seu 1593 ab auctore compositum et absolutum est, qui anno proxime sequenti 1594 decessit, illud discipulo suo Josepho fil. Mardochaei commendans, qui et capitum summam, quam ille imperfectam reliquerat, supplevit. Qui primus edidit, Wagenseilius, illud ex judaeo Africano ms. dono acceperat, et ms. extat etiam in variis bibliothecis, ut in Bodlejana n. 3719, in Leidensi inter codices Warnerianos, et bis in Oppenheimeriana, etsi editus ejus *Catalogus* f. 6 b unum tantum et quidem mendose ad an. 300, vel 1540 referat, quod ad 378 seu 1618 erat amandandum. V. Wolf. T. II p. 546. Supplementum hujus libri variasque ejus lectiones ex Ungeriano codice edidit Wolfius sub fin. vol. III et vol. IV p. 648, ex quibus loca non pauca utriusque editionis possunt restitui. Variae extant ejus versiones, quas infra recensebimus, ac variae etiam confutationes. Tria primum capita I partis, videlicet XII, XIV, XXI, in *Ternione controversiarum adversus judaeos* in 8. Dordraci excuso an. 1688 retudit Gussetius, deinde vero et integrum librum in *Jesu Christi evangeliique veritas demonstrata in confutatione libri Chisouck emunà* in fol. Amstel. 1712. Centum ea loca N. T. in II parte inique detorta vindicavit Gebhardius in 4. Gryphiswald. 1699, locaque alia ac capita nequissimi hujus auctoris et libri, Mullerus, Storrius, Kidderus aliique non pauci in polemicis eorum operibus sub examen vocarunt, quibus ex Koëcheri *Nova bibl. heb.* T. I p. 79 addendus est Langius in *Gloria Christi et christianismi* parte II p. 423 et

606. Alii confutationem vel promiserunt, vel pararunt, sed non ediderunt. Inter hos eminet, quod mirum, princeps doctrina ac pietate spectatissimus, Aurelianensis dux Ludovicus, qui teste l'Advocato *Dict. hist.* T. II p. 392 ineditas reliquit » plusieurs *Dissertations* contre les juifs, pour servir de réfutation au fameux livre hébreu intit. *Kisouch emouna*, c'est-à-dire, *Bouclier de la foi*. M.[r] le duc d'Orléans, n'étant point satisfait de la réfutation de ce livre par Gousset, entreprit lui-même de le réfuter; mais il n'a pas eu le tems d'achever cette réfutation, qui est beaucoup meilleure que celle de Gousset, et repond mieux aux difficultés des juifs qu'il a examinées ». Huc etiam trahendi sunt qui in vindicanda ab hodiernis incredulis christiana religione operam suam navarunt, qui ex confessione ipsius incredulorum principis et antesignani Volterii *Mêlanges philos. littér.* T. III p. 344 difficultates suas omnes et objectiones ex hoc nefando opere hauserunt. » Il a rassemblé toutes les difficultés que les incrédules ont prodiguées depuis .... Enfin les incrédules les plus detérminés n'ont presque rien allegué qui ne soit dans ce *Rempart de la foi* du rabin Isaac ».

64 * Idem *Munimen fidei* ex *Versione lat.* Wagenseilii in *Telis igneis* 4. Altorfi 1681.

Versionem hanc multis in locis emendatam in confutatione sua recudit Gussetius, eamque in epitomen redegit, suoque operi *Gloriae Christi et christianismi* cum breviore refutatione Langius inseruit.

65 * Idem ex *Versione judaeo-germanica* 8. Amstel. an. 477, Chr. 1717.

Foliis constat 134, eaque Wagenseiliano heb. textui respondet, omissa tamen totius operis clausula. Valde rara illa est, nec ullus in titulo memoratur interpres. Idem liber ex *Versione germanica pura* Michaelis Gellingii ms. extabat apud Wolfium, qui ejus specimen suppeditat T. IV pag. 639. Exjudaeus ille eam absolvit anno 1631. Discrepat saepe a Wagenseil. textu, et cum Ungeriano ms. potius conspirat.

66 Isaaci Jacobi fil. Saulis בוך דר פרצייכנונג *Buch der Verzeichnung, das da hat in der druk gebracht hat darauf gelegt all sein macht* 16. Amstel. 456, Chr. 1696.

» Institutum auctoris est, inquit Wolfius T. III pag. 577, instruere suos, quomodo contra christianos religionem suam tueri possint. Hoc fine primum quidem vaticinia V. T. varia colligit, vanae expectationi futurae liberationis, inspersis glossis judaicis, accommodata, deinde vero ex evangelistis loca nonnulla affert, quae ad confutandam religionem christianam fortiter adhiberi posse frustra et sibi et aliis persuadet ». Binae aliae extant edit. Amstel. 1693 et 1714, in quarum 1 auctor dicitur Israel Gher, seu Proselytus. Isaacum alium judaeum inter antichristianos scriptores profert Wolfius T. II p. 1052, qui ms. opus adversus nos conscripserit a se T. I num. 1198 relatum. Sed titulus ipse *Notabilia quaedam de passione Christi extracta de Biblia judaeorum quae non sunt in nostra*, sat ostendit esse exjudaei, nec ms., sed editum est Bononiae apud Alex. Benaccium, teste Bartoloccio ipso, unde haec exscripsit Wolfius.

67 Israel Gher בוך דר פרצייכנונג *Buch der Verzeichnung* judaeo-germ. 12. Amst. 1693.

V. supra Isaac Jacob fil. Saulis. In edit. hac auctor appellatur Israel Gher, seu Proselytus, idest ex christiano judaeus, hinc libellum ab hoc profectum, a priori autem illo recusum conjicit Wolfius T. III p. 578. Conf. *Unschuldigen nachrichten* 1723 p. 541.

K

68 * Kimchì R. David פרוש על נביאים אחרונים *Comm. in prophetas posteriores*, Isaiam, Jerem., Ezech. ac XII minores, in fol. sine an. et loco, sed Soncini an. 1486, et Pisauri 1515.

Ex Kimchii nostri scriptis a judaeis ac christianis celebratissimis ad *Bibliothecam* nostram *antichristianam* pertinent potissimum ejus *Commentarii in prophetas posteriores*. Multa enim habet in iis adversus nos disputata, sed in recentioribus editionibus caute omissa. Adeundi ergo, ut ea hauriantur, codices mss. et editiones antiquae. Mss. codices varii in variis bibliothecis extant. In nostra quae est nostri auctoris codicibus omnium ditissima ac quinquaginta quinque possidet, duodecim occurrunt, unusque inter eos, videlicet 402, qui excerpta suppeditat Comm. Isaiae Amos et Micheae in locis cum christianis controversis. Inter editiones eminent binae illae superius commemoratae, Soncinensis ac Pisaurensis, quam ad eum annum 1515, non ad 1516, ut a plerisque fiebat, esse amandandam observavimus in *Annal. heb.-typ. a MDI ad MDXL* p. 10. Ex posteriori hac antichristiana quaedam loca restituit Pocockius. V. ej. notas ad *Portam Mosis* seorsim recusas pag. 309. Sed prior illa multo plenior et integrior. V. *Annales* nostros *sec. XV* p. 132 et exempla in iis allata. Porro praeter has antiquior alia extat editio, olim ignotissima et a nobis detecta, sed solius *Comm. in Isaiam ac Jer.* sine an. et loco, quae ea loca servat intacta, et quidem quoad verba nonnulla pleniora, quam Soncinensis ipsa exhibeat. V. eosdem *Annal. sec. XV* p. 110. In Ulyssiponensi 1492 ea vel mutilata vel praetermissa, ut monemus ib. pag. 96. In Veneta 1517 ea fuisse prorsus eliminata perperam censent le Longius, Wolfius ac Maschius. Non pauca enim supersunt, ut ad eam editionem notavimus. Sed desunt in reliquis, ut et in versionibus latinis, unica excepta Malanimei in Isaiam, quae Florentiae prodiit anno 1774, in qua loca quaedam ex Soncinensi, ut videtur, textu retenta sunt. Quae ad Isaiae LIII habet, germanice vertit ac refutavit Antonius Margarita in illius capitis *Declaratione* pag. 79.

69 * Ejusd. פרוש תהלים *Perùsc teilìm*, *Comm. in Psal.* 4. an. 237, Ch. 1477 sine loco, et in fol. Neap. 287, Chr. 1487.

Pertinet et *Comm. in Psalmos*, ubi alia multa antichristiana auctor congessit, *magnus christianorum adversarius* a Grotio propterea appellatus. At vero ea iterum quaerenda in mss. vel antiquissimis editionibus, in quibus integra servantur, non in recentioribus, in quibus sunt studiose resecata. Mss. nonnullos codices bibliothecae publicae suppeditant, privata nostra octodecim. Ex antiquis editionibus consulendae omnino binae illae primariae an 1477 et 1487, in quibus loca singula quae religionem nostram lacessunt, integra vel fere integra reperiuntur. De iis plura diximus in *Annal. heb.-typ. sec. XV*

p. 14, et 48, ubi et quae Kimchius fuse ad Psal. II adversus Christi divinitatem ac trinitatem disputat, speciminis gratia protulimus latine translata. Insigniora haec loca in reliquis omnibus frustra requires. In Veneta tamen 1517, Thessalonicensi 1522, et Isnensi 1542, quae omnes ad manus sunt, minora quaedam retinentur, ut et in latina Janverii versione ad Isnensem curata quae prodiit Parisiis anno 1666.

70 * Ejusd. תשובות לנוצרים *Tescuvòth lanotzerìm, Responsa ad christianos super quosdam Psalmos*, ad calc. Lipmanni *Nitzachòn* 4. Altorfi 1644 et 16. Amstel. 1709. Exhibent simul collecta et seorsim edita quae Kimchius in Psalmis contra nos disputat. Collegit autem anonymus judaeus et Lipmaniano codici addidit, unde edidit Hackspanius. Recusae eae sunt Amstelodami ad calc. *Nitzachòn*, non *Chìzùk emunà*, ut mendose habet Wolfius T. III p. 191, a Genebrardo vero confutatae 8. Paris. 1566. Extant etiam mss. in cod. nostro 1269.

71 * Ej. Kimchì R. Dav. ויכוח *Vicùach, Disputatio adv. christianos* 8. CPoli 1710.

In antichristiana collectione hoc anno edita sub titulo *Milchèmed chovà* a fol. 13 ad 19. De ea nihil Wolfius T. I ac III sub nostro auctore. Sed describit T. IV p. 722. Objectiones sunt a praecedentibus diversae, nec a solis Psalmis, sed ex aliis libris, saepeque ex evangelistis nostris petitae. Fol. 14, non p. 18, ut habet Wolfius, tradit se cum christiano doctore de Messiae adventu disputasse et ex quinque rationibus adhuc futurum ostendisse, quod congregare debeat dispersos israelitas et decem tribus, templum instaurare et Jerusalem, perpetuam pacem restituere, dominari in universos reges terrae, et gladios omnes, seu omnia bella abolere. Nullo deinde ordine reliqua nostra praecipua dogmata breviter impetit.

72 Kimchì R. Joseph מלחמות ה' *Milchamòth adonai*, *Bella Domini*, MS.

Disputatio sat prolixa adversus christianos, quam laudat, sed multa quoque se in ea desiderare, eique jam occurrisse christianos notat R. Scem Tov in praef. ad ineditum *Even bòchen*. Ita autem *Milchamòth adonai* est ejus titulus, ut eum profert R. Scem Tov et R. Scabtai fol. 43, et *Seder adoròth* fol. 171 verso, non *Milchamòth ascèm*, *Bella Dei*, ut Bartoloccius T. III pag. 827 et Wolfius T. I p. 562. Subdit Scabtaeus appellari etiam מלחמת מצוה *Bellum praecepti*, non *super praeceptis*, ut male vertit Wolfius, subque hoc titulo ex Legeri additamentis refert Buxtorfius p. 123. *Seder adoròth* plene ac pluraliter habet מלחמות *Bella praecepti*. Testatur Wolfius T. III p. 423 ms. servari in bibliotheca Oppenheimeri. In edito tamen ejus *Catalogo* frustra quaesivi.

73 Ejusd. האמונה ס *Sèfer ahemunà*, *Liber fidei* vel *de fide*, MS.

Scabtaeus p. 7, *Seder adoròth* fol. 164, *Scalcèled akkabalà* fol. 54, Buxtorfius *Bibl. rabb.* p. 38, Bartol. T. III p. 827, Basnage *Hist. des juifs* T. IX pag. 282, Wolfius T. I p. 562 et II p. 1052, qui et contra christianos eum conscriptum esse testantur. Forte idem est, mutato nomine vel titulo, cum sequenti, vel si mavis, cum praecedenti, ad quem Scabtaeus et *Seder adoròth* lectorem revocant.

74 * Ejusd. הברית ס *Sèfer abberìth*, *Liber foederis*, 8. CPoli an. 1710.

Una cum aliis opusculis in *Milchèmed chovà*, ubi legitur a fol. 18 verso ad 38. Eum suscepit auctor, ut testatur ipsemet sub initium, ut praefractis suae nationis viris, seu exjudacis conversis se opponeret Dei verba detorquentibus ad fidem Jesu Nazareni, discipulique votis satisfaceret, qui ab eo petebat, ut prophetias omnes adversus haereticos et epicuraeos, seu christianos pugnantes in unum conferret, ejusque fidem facit amplissimam David Kimchius nostri filius ad Isai. VII 14 et LIII 1, et in *Libro radicum* ad rad. עלם, notans patrem suum demonstrare in hoc libro adversus christianos vocabulum עלמה corruptam quoque significare, eorumque rationes oppugnare. Quod Davidis testimonium in recentioribus ejus libri editionibus omissum, integrum habent mss. codices mei non pauci, et vetustissima editio sine anno et loco omnium princeps, et CPolitana an. 1513, ac fere integrum binae Neapolitanae anni 1490 et 1491. In hoc porro libro *Berith* disputationem auctor instituit inter מין *min*, *haereticum*, et מאמין *maamin*, *credentem*, sub priori eo nomine christianum intelligens, sub posteriori judaeum. Plura de eo Wolfius T. IV p. 723.

75 Ejusd. ס' הגלוי *Sèfer aggalùi*, *Liber revelatus*, MS.

Producitur a filio Davide tum in *Comm.* ad Isai. LIII 1, tum in *Libro radicum* ad rad. נוס. R. Scabtai pag. 16 n. 23, quique eum presso pede sequitur R. Jechiel in *Seder adoròth* fol. 165 verso, notant agere מהאמונה *de religione*. Buxtorfius ex Legeri additamento scribit in *Bibl. rabb.* p. 57 esse disputationem contra christianos, ut alterum *Berith*, cum quo reapse a Davide Kimchio conjungitur in priori testimonio, et utrumque contra christianam religionem esse exaratum monet etiam Antonius Margarita in *Declar. cap. LIII Isaiae* p. 79 b. Eum ms. apud Oppenheimerum servari monet Wolfius T. III p. 423. Sed editus *Catalogus* silet.

L

76 * *Lettre d'un juif à un chrétien de ses amis, dans laquelle il déclare les raisons qui l'empechent d'embrasser la réligion chrétienne* 8. 1751.

Extat in *Dissertations critiques sur la partie prophétique de l'écriture* sine loco et auctore editis hoc anno a pag. 249 ad 269. Urget potissimum temporale regnum quod Messiae adscribunt prophetae et V. T., nec in Jesu ac N. T. adimpletum est, sed adhuc implendum et venturum.

77 * *Lettre des rabbins de deux synagogues d'Amsterdam, à M.r Jurieu; traduite de l'Espagnol* an. 5446, Chr. 1686.

Inserta est Richardi Simonii *Lettres choisies* T. I p. 319 ad 338. Occasionem nacti rabbini illi ex nonnullis quae in judaeorum favorem scripserat Jurius in suo *Accomplissement des prophéties*, gratias ei referunt simulque demonstrare conantur Messiae adventum et regnum, Israelis restitutionem, et templi reaedificationem adhuc futura, nec christianorum Messiam, in quo signa haec et oracula non adimpleta, verum esse Messiam a se expectatum.

78 * Lipmanni R. Jom Tov ספר נצחון *Sefer nitzachòn*, *Liber victoriae*, 4. Altorfi 1644, et 16. Amstel. 469, 471, Chr. 1709, 1711.

Prima illa editio rarissima. V. Vogt *Catal. lib. rar.* pag. 326, Engel *Bibl. selectiss. lib. rar.* p. 64, Wolfium T. II pag. 1449, Reimanni *Biblioth.* pag. 889, Solgeri *Bibl.* T. II, *Bibl. Thomas.* vol. I p. 385, et *Schalbrukianam* p. 68. Ea Altorfii prodiit, non Norimbergae, ut habet Scabtaeus p. 54, et Hackspanii cura, non Wagenseilii, ut habent editores Amstelodamenses. Curavit autem, quod monere neglexit Wolfius, ex codice anni 349, seu 1589, sive ex exemplari furtim a se ad eum descripto, tractatumque subjunxit *De usu librorum rabbinicorum* Norimbergae impressum. Extat apud me utraque editio, Altorfina et Amstelodamensis, cujus annus aperte in meo exemplari exprimitur per voc. ותבונה 469. Wolfius alium plane annum 471 seu 1711 illi assignat T. III pag. 661, quem et Oppenheimeri *Catalogus* confirmat. Si annus hic non solius tituli, sed novae editionis est, prior illa est Wolfio ignota. Aliae forte deinceps curatae. Liber ipse nefarius anno 1399, non 1459, ut nonnulli autumant, ab auctore compositus est, et contra christianos in primis, deinde vero et contra atheos, sadducaeos, et karaeos directus, singulos percurrens V. T. libros, ac singula excutiens ac vindicans eorumdem librorum loca, unde ii sua dogmata demonstrant. Loca haec sunt

354 pro numero dierum anni lunaris, fususque eorum omnium index praemittitur, in quo ea pro varietate hostium qui confutantur, ad varia capita revocantur, et in septem hebdomadae dies, seu septem sectiones dividuntur. Ita solius indicis est haec divisio, non libri, ut habet Wolfius T. I p. 735, ubi fuse is recensetur. Ad biblicarum porro controversiarum calcem breviorem disputationem auctor subjecit, quam cum Petro quodam apostata seu exjudaeo habuit, ad calcem vero libri sive ipse, sive alius quispiam תשובות seu *Responsiones* illas Kimchii ex Psalmis decerptas, quas supra commemoravimus. Mss. codices varii in variis bibliothecis extant saepe inter se diversi, habetque etiam nostra sub n. 394. Ex tribus diversis varias lectiones collegit et in limine *Tract. Sotà* edidit Wagenseilius, quibus Hackspanii textus valde mendosus multis in locis potest emendari, particulas vero non paucas latine vertit et cum breviore confutatione Altorfii an. 1643 ac binis sequentibus vulgavit sebaldus Snellius, quae ad Gen. II 17, et ad libros propheticos et agiographos potissimum spectant. V. Fabric. *Hist. bibl. Fabr.* T. V pag. 324. Inauguralem *Disputationem* Nitzachon nostro opposuit Gerlovius Regiomonti 1647, unam de gloria II templi Mundinus Jenae 1719, dispu-

tationes alias nonnullas sub *Antilipmanni* titulo Christianus Schotanus Franquerae anno 1659, *Dissertationes* suas plerasque Jo. Frischmutus, Lipmanniana vero argumenta ex scriptoribus nostris antijudaicis quamplures refutarunt. Ms. etiam opus, sed imperfectum, contra hunc librum paullo post ejus compositionem, seu anno 1420, reliquit Stephanus Bodecker episc. Brandemburgensis, qui delitescit in bibliotheca regia Berolinensi. V. Wolf. T. II pag. 1016.

79 * Ejusd. R. Lipmanni זכרון ספר נצחון *Ziccaròn* seu *Memoriale carmen libri Nitzachòn* heb. et lat. cum confut. Wagenseilii in *Telis igneis Satanae* 4. Altorfii 1681.

» Lipmannus, confecto infelici opere, memoriae tribulium consulturus, potiora ejus argumenta strictim et breviter carmine complexus est, idque ediscendum proposuit, ut responsiones adversus christianos tanto magis in promptu haberentur, si ex improviso cum his agendum esset ». Wagenseilius in praefatione. Carmen perpaucas occupat paginas, et nonnisi a p. 105 ad 117 protrahitur, sed fusissima confutatio a 118 ad 633, non computato indice.

80 Lombrosi R. Jacob *Propugnaculum judaismi*, MS.

Servatur apud judaeos Amstelodamenses et contra V librum Hug. Grotii *De veritate relig. christ.* judaeis oppositum est exaratus. V. a Lent *Theol. jud. moderna* p. 136. Ab Isaaco Orobio habuit etiam Limborchius, qui et illum citat in *Collatione* cum eo habita, et in *Comm. ad acta apost.* p. 85 quasdam ejus exceptiones refutat. V. Wolf. T. I p. 605.

81 Lupercii R. Isaac *Apologia*, *y respuesta y declaration de las 70 semanas de Daniel*, 8. Basil. 5418, Chr. 1658.

Catal. libr. David Nunnes Torres p. 33, *Biblioth. Huls.* T. IV pag. 372, et ex iis Wolf. T. IV pag. 883. Eadem ut videtur, cum nostri auctoris *Apologia relig. judaicae* adversus monachum Hispalensem, quam legisse se testatur Allixius in ep. ad R. Jac. Ph. ej. *Diss. de dupl. Messiae adventu* inserta, Wolfius vero ms. putat T. II p. 1052.

82 Luzzati R. Ephraimi גאולה *Gheulà*, *Redemptio*, MS.

Seu de futura redemptione per Messiam facienda ex ms. nota Amst.. Auctor professione medicus et ex Sancto Daniele Foro-julii, sed Londini degens, ubi heb. carmina edidit.

83 Luzzati Marci doct. Tergest. צריח בית אל *Tzerìach veth el*, *Turris domus Dei*, MS.

Est hebr. versio hisp. operis R. Abr. Gher Cordubensis *Fortaleza del judaismo* multis annotationibus locupletata. Vidi in bibl. publ. synag. Mantuanae, eamque commemorat Brunsius in *Annal. Helmst.* 1784 p. 290.

M

84 Maalem Mosis *Liber contra christianam religionem*, MS.

Panormitanus auctor et christianus, olim P. Clemens dictus, sed ad judaeos dilapsus. V. Schudtii *Memorabilia judaica* P. IV cont. I p. 203 et Wolf. T. III p. 710.

85 * מחזור *Machazor*, *Cyclus* seu *Breviar. judaic. precum totius anni* varii ritus.

Huc referendi potissimum mss. hujus libri codices vel vetustissimae editiones, ubi preces non paucae et cantica continentur antichristiana ac nobis injuria. Ex mss. codicibus qui integra haec loca sistunt, plurimi in nostra hac bibliotheca extant. Sunt et non pauci in bibliothecis exteris, inter quos eminet Norimbergensis, de quo plura Wulferus in *Animadversionibus ad Theriacam judaicam* p. 305, Wolfius T. II p. 1345, et de Murr in *Memorabilibus bibl. Norimb.* T. I pag. 20. Inter editiones conferendae Soncinensis omnium princeps an. 1486, et Sonc. alia sine an. et loco, de quibus diximus in *Annal. heb.-typ. sec. XV* pag. 46 et 149, tum et Pisaurenses binae sub in. XVI seculi curatae, Thessalon. 1527, Pragensis 1533, Augustana 1536, Ariminensis sine anno, ac Bononien. 1540-41 in *Annal. MDI ad MDXL* a nobis descriptae. Inter eas preces praeter cantica quae pleraque Wulferus ex eo codice restituit, binae praesertim celebres sunt, oratio עלינו *Alènu*, et ברכת המינים *Bircàd amminìm*, *Increpatio contra haereticos*, de quibus multi ex nostris scriptoribus multa scripserunt. V. inter ceteros eundem Wulferum cit. loc. p. 309 et 327, Wagenseilium in *Telis igneis* p. 218, Majum *Bibl. Uffenb.* T. I p. 66, et Wolfium T. I p. 1119, et II p. 1462. Quamquam porro sint ex hebraeis complures, inter quos R. Dav. de Pomis *De medico hebraeo* p. 73, et Cardosus *Excelencias de los hebreos* pag. 352 et 354, qui contendant binas has precandi formulas christianos nulla ratione respicere, sintque etiam ex nostris nonnulli, ut Bartoloccius ac Wagenseilius, qui putent eas saltem primitus adversus nos non fuisse conscriptas, plerique tamen aliter sentiunt multisque congestis argumentis demonstrant, quibus bina alia bini nostri codices addunt. Etenim in priori oratione sub nomine וריק gematrice innui ישו *Jesum* tradit cod. meus 1033, posteriorem vero, seu *Bircad amminìm* על תלמידי ישו הנוצרי *super discipulis Jesu Nazareni* fuisse olim Jafnae a majoribus suis constitutam aperte monet nota cod. 159, cum Jarchio concinens qui et hoc ipsum ad cap. IV *Beracòth* docuerat. Conf. dicta ad eundem codicem.

86 * Machir (R.) אבקת רוכל *Avkàd rochèl*, *Pulvis aromatarii* 4. Arimini 286, Chr. 1526, et Augustae Vind. 306, Chr. 1546, et in 8. Ven. 326, Chr. 1566.

In manibus nostris sunt binae posteriores editiones. Ad eum annum referenda Augustana, non ad 300, seu 1540, ut habent Scabtaeus et Wolfius, nec ad 316, seu 1556, ut *Catal.* Oppenheim. Ms. bis extat in bibl. nostra, videlicet in cod. 119 et 147. Huc spectat lib. 1, qui de signis agit futurae redemptionis, de bellis et Edom, seu christianorum destructione, ab Hulsio latine versus in *Theol. judaica* 4. Bredae 1653.

87 * מעשה ישו *Mahassèh jescù*, *Historia Jesu.* Idem cum *Toledòth jescù* nefando ac blasphemo opusculo diu notissimo et edito. Hunc titulum praesefert cod. noster 96, qui cum karaiticum alium libellum contineat, et a karaeo sit descriptus, *Historiae* hujus seu potius putidissimae fabulae apographum exhibet, quale apud karaeos servatur ac legitur, ab eo quod Wagenseilius et Huldricus ediderunt, saepe diversum. Conf. annotata ad eum codicem. Hoc eodem titulo instructus erat ms. codex Ernesti Jablonskii, ut notat Wolfius T. II pag. 1445, qui et ex Wagenseilio ac Lentio profert exempla inscripta מעשה תולע *Mahassèh tolàh*, מעשה תלוי *Mahassèh talùi*, *Historia suspensi*. Habui o-

lim prae manibus exemplar, quod, nomine ipso Jesu vel suspensi caute suppresso et subintellecto, inscribebatur tantum כך וכך מעשה *Sic et sic Historia*.

88 מקל נוצרים *Makkèl notzerìm*, *Baculus christianorum*, MS.

Disputat auctor anonymus contra religionem christianam, ea potissimum evertens quae in ejus favorem ac praesidium ex sacris litteris depromuntur. Ex ms. nota judaei Amstelodamensis, apud quem extabat.

89 Mardochaei fil. Jeosaphae ס׳ מחזיק אמונה *Sefer machazìk emunà*, *Liber confirmans fidem*, MS.

Est disputatio inter judaeum et christianum, quam memorat Bartoloccius et extat in Vaticana. V. ej. *Catal.* T. I pag. 236 ad cod. 270. Sed uterque tamquam anonymum proferunt. Scabtaeus et ante eum R. Ghedalias ben Jachia in *Scalcèled* fol. 54 b eum tribuunt Mardochaeo nostro filio Jeosaphae, dissimulato tamen argumento, quod cum Vaticano codice congruere, eundemque plane esse librum non dubitat Grodeckius in *Theatro anon.* p. 705 et Wolfius T. I pag. 791. In XIII portas seu sectiones distribuitur pro XIII articulis fidei judaicae a Maimonide constitutis, quos ineptis argumentis adversus christianam religionem auctor conatur adstruere.

90 Marpurgi Sansonis medici Patavini *Opposizioni* seu *Objectiones in christianam religionem*, italice.

Una cum aliis Abr. Joelis Conigliani edidit et refutavit Benetelli sub tit. *Dardi rabbinici infranti* 4. Venetiis 1705, testans in praef. se eas mss. ex auctore ipso, per alterius tamen manum, accepisse.

91 R. Matathiae ס' נצחון *Liber Nitzachòn* seu *Victoriae*, MS.

Eum valde antiquum esse et disputationes complecti contra evangelium monet Scabtaeus in *Scifiè jesc.* pag. 54, et ex eo R. Jechiel in *Seder adoròth* fol. 173 verso. Ante utrumque Buxtorfius observaverat in *Bibl. rabb.* p. 146 illum habere ultra trecentos annos antiquitatis, Schickardum vero ex Osiandri bibliotheca nactum edere et refutare coepisse, sed praematuram mortem nobis invidisse laborum perfectionem. V. ej. *Bechinad apperuscìm* et *De jure reg. heb.* p. 449. Hoc autem Nitzachon non ab Hackspaniano modo Lipmanni, sed et a vetere ipso Wagenseilii diversum esse recte quidem meo judicio vel ex eo conficit Wolfius T. I pag. 739, quod a Buxtorfiano exemplari, Schickardo ipso teste, illud differret, quod cum Wagenseiliano consentiebat, huicque sententiae standum est, donec aliter non suadeat Schickardiani codicis collatio. Quamobrem Koëcherus, qui aliter conscribit in *Nova biblioth. heb.* T. I p. 86, unum cum altero proculdubio ex errore confudit. Nec enim Wolfium emendat, aut ullum de hac re argumentum producit.

92 R. Mathatiae fil. Mosis אחיטוב *Achitov* seu ויכוח *Vicuàch*, *Disputatio inter hebraeum, christianum et turcam*, MS.

Catal. Oppenh. mss. fol. I verso, qui subdit pulchrum esse librum rythmis seu egregiis carminibus constantem. In ea bibl. viderat Wolfius, ut patet ex T. II pag. 1259 n. 47, sed nec argumentum, nec auctorem prodiderat. Vix autem dubitandum, quin disputatio in religione versetur.

93 * R. Meir filii Simeonis מלחמת מצוה *Milchèmed mitzvà*, *Bellum praecepti*, MS.

Reperitur in bibliotheca nostra inter mss. codices sub n. 155. Nullibi in codice proditur auctor, sed ex V partium divisione et mole libri patet non esse antichristianum hujus tituli opus R. Joseph Kimchi, sed alterum R. Meir filii Simeonis, quod notat Wolfius T. III p. 679 Venetum rabbinum Aboabum ad Ungerum misisse. Ex nostro hoc codice florebat is sec. XIII. Nam sub init. II derascae, seu dissertationis quae extat in parte I, ait praeteriisse a destructione templi usque ad an. V minoris supputationis V millenarii annos 1177, וממיתת אותו האיש

לחשבונם אלף ור'מ'ה *a morte vero illius viri* (Jesu) *juxta computum illorum* (christianorum) 1245. Florebat autem in Gallia et Narbonae, quia subdit sub fin. illius sectionis se illic describere responsum, quod dederat ad quaesita episcopi magni Narbonensis, fol. vero 64 quod scripserat *super decretis et statutis, quae fecit dominus noster rex Galliae super filiis populi nostri in omnibus provinciis regni sui*. In ea II derascà 15 profert rationes quas habent judaei Jesum ejusque legem vel fidem rejiciendi, parte II in compendium rediguntur quae fuse in I dicta sunt, aliaque non pauca adduntur, §.[is] 160, parte III exponuntur sacrae scripturae loca quae agunt de futura redemptione, IV multis confirmatur religio judaica, V Deuteronomii versus *Audi Israel Dominus Deus noster Dominus unus est* explanatur, et de Dei unitate et contra trinitatem disseritur.

94 * R. Menassè ben Israel *Conciliator sive de convenientia locorum sacrae scripturae quae pugnare inter se videntur*, *Conciliador, o de la conveniencia de los lugares de la s. escriptura* etc. hispanice 4. IV voll. Amstel. 1632, 1641, 1650, 1651.

In scriptis hujus auctoris latere virus judaicum jam pridem cognoverunt Buxtorfius et Mullerus. V. Buxtorfii *Catalecta* p. 444.

Ac Mullerus quidem in praef. ad *Judaismum detectum* uberius monet ea nihil aliud esse, quam confutationem christianismi et confirmationem judaismi. Quod judicium probat Wolfius T. I p. 781. Conf. etiam Hoornebeckius proleg. ad lib. *De convertendis judaeis* p. II, et Walchius *Biblioth. theol. sel.* T. I p. 860, qui tamen in eo emendandus, quod librum sub *Concionatoris* titulo male producat. Multa sane sunt in hoc opere aliunde erudito et utili, et a christianis ac judaeis quammaxime commendato, praesertim vero in III parte quae posteriores prophetas complectitur, quae contra christianorum expositionem, dissimulato plerumque eorum nomine, et in judaicae favorem Manasses disputat, totusque est quaest. IX in Ezech. ut ostendat nomine Edom Romam intelligi, edomaeos esse Romanos ac christianos, ac prohinde quae de eorum destructione a prophetis dicuntur, nos respicere. Prima pars prodiit etiam latine anno 1633, sed omissis 30 quaestionibus. Plenior ergo et integrior est hispanica, quae pro Amstelodamo ementitum Francofurti nomen habet in fronte. Secunda mendosum an. in nonnullis exemplaribus praesefert 5041 pro 5401, seu 1641, non pro 5410 seu 1650, ut habet Rodriguez de Castro *Bibl. rabb. esp.* T. I p. 552, ubi fuse nostri Manassis scripta describit. Operis raritatem testantur Reimannus p. 317 et *Bibl. Thomas.* vol. 1 p. 385 et alii. Quod potissimum de integro exemplari ac de tribus postremis partibus intelligendum est, quae sunt reapse rarissimae. Nec solus *Conciliator*, sed plerique ac fere omnes auctoris nostri libri variis linguis editi sunt rari.

95 Ejusd. R. Menassè ben Israel *De cultu imaginum ipsiusmet Dei contra pontificios* latine MS.

Profert et quidem inter libros absolutos et paratos ad prelum ipsius auctoris *Catalogus* a Pocockio editus. V. ej. *Vitam Manassis* nostri praefixam libro *De termino vitae*, *Biblio. Angloise* T. XIV P. I p. 88, et *Relationes innoxias de reb. nov. ant.* 1744 p. 230. Hinc male ex alio indice minus accurato ac II vol. *Phoenicis* angl. inserto p. 425 librum hunc tamquam tantum affectum laudat Wolfius T. III p. 709.

96 * Ejusd. מקוה ישראל *Esperanca de Israel* hispan. 8. Amstel. 1650 et 1723 et Smirnae 5419, Chr. 1659.

Posterior haec rarissima editio apud nos extat. Nititur Manasses ostendere decem tribus in variis regionibus adhuc latere, ac Messiae tempore reversuras, et generalem judaeorum redemptionem ex prophetarum oraculis tunc implendam. V. Wolf. T. I p.

780, et Schelhorn. *Amoenit. litter.* T. XIV p. 585. Manassis libello opposita est Theoph. Spizelii *Elevatio relationis Montezinianae de repertis in America tribubus Israeliticis et discussio argumentorum a Menasse b. Israel in spe Israelis conquisitorum* 8. Basil. 1661.

97 * Idem liber *Mikvè israèl* seu *Spes israelis* heb. versus 12. Amstel. anno 458, Chr. 1698 et 1703.

Est ex versione R. Eliakimi fil. Jacobi, quod monere neglexit Wolfius. Latine etiam prodiit, anglice, belgice et judaeo-germanice. V. Wolf. T. I p. 783, et III p. 707.

98 * Ejusdem *De la resurreccion de los muertos* 12. Amst. 5396, Chr. 1636.

Etiam hunc librum ad *Bibliothecam* hanc nostram referimus, maxime ob cap. II lib. III, in quo ex prophetarum vaticiniis ostendere conatur auctor mortuorum resurrectionem ab adventu Messiae et futura israelis liberatione separari non posse. Latine prodiit eod. anno, et Groningae an. 1676, cui editioni *Bibliotheca Thomasiana*, *Saltheniana*, et *Universalis lib. rar.* raritatis notam assignant.

99 Ejusd. Menassè ben Israel *Liber contra religionem christianam*, MS.

» In Anglia, inquit Spizelius in *Coron. philol. arcanis biblioth. sacris retectis* addita pag. 382, adhuc superesse ajunt arma ejus funestissima aeternisque tenebris sepelienda, quae tandem in Christum suosque voluit convertere, et directe quidem, quod antea indirecte fecerat ». Putat Wolfius T. I pag. 786 forte hunc esse librum illum lusitanicum contra relig. christ., quem Kidderus in praef. ad P. II *Demonstrationis Messiae* ubi passim eum confutat, scribit Cudworthum a Menassè ben Israel accepisse, cujusque auctorem Manassem ipsum esse Kidderus suspicabatur. Potest esse et *Colloquium* illud *Middelburgense*, quod sub R. Lusitani nomine in *Judaismo detecto* passim confutavit Mullerus, nostrique auctoris esse conjicit Fabricius *Biblio. graeca* T. VII p. 131 et *Syllab. script. pro rel. chr.* p. 593. Quam conjecturam ex eo confirmari putat Wolfius T. IV p. 903, quod Manasses, teste Pocockio in ej. *Vita*, Middelburgi sub vitae finem versatus sit, ac fato functus. Conf. tamen antea dicta sub R. Jacobo Jeh. Ariè.

100 * Mendelssohn Mosis *Schreiben* seu *Epistolae ad Lavater* germ. 8. Berol. 1770.

Huc potissimum trahendae ob ea quae de miraculis habet in *Nacherinnerung* seu *Monito* Lavateri responso subjecto, fuse et acriter contendens ex iis neutiquam christianae vel ullius religionis veritatem demonstrari. Conf. ipsius Lavateri et Köblii observationes. Quod tamen non obstat, quin honorificum de morali institutoris christianismi charactere ac blasphemi in eum scripti *Toledòth jescù* falsitate et futilitate testimonium in his eisdem litteris auctor noster ferat, quod olim contra judaeos agentes prodidimus. V. *Della vana aspettazione degli ebrei* pag. 185 et 189. Gallice prodierunt sub titulo » Lettres juives du célébre Mendelsshon philosophe de Berlin, avec les remarques et les réponses de M.[r] le doct. Köble, et autres savans hommes 8. Francf. 1771 ».

101 * מלחמת חובה *Milchèmed chovà*, *Bellum debiti* 8. CPoli 470, Chr. 1710.

Est antichristiana quorumdam scriptorum rarissima collectio. Opera contenta sunt 1.° R. Abr. Romani *Praefatio ad librum Sèlah ammachlekòth*, seu *Petram divisionum*, 2.° R. Mosis Nachmanidis *Vicùach* seu *Disputatio cum fratre Paulo* fol. 1, 3.° *Vicùach* seu *Disputatio* R. David Kimchì fol. 13, 4.° R. Josephi Kimchì *Liber berith* seu *foederis* fol. 18 verso, 5.° R. Simeonis bar Tzèmach *Petirad emunàd notzerìm*, *Expositio fidei christianorum* fol. 38 itidem verso. De singulis sub singulorum titulis. Constat foliis 68, non 69, ut habet Wolfius T. IV p. 725, ubi fuse eam describit, non supputata illa praefatione, et *libello tonitruum ac terraemotuum*, qui editioni subjicitur. Liber correctus est a Jacobo ben R. David ben Forna, et impressus ex mandato et in typographia sociorum Nephtali Herz et Azriel de Wilna per typogr. Jonam fil. Jacobi, compositore Abraamo fil. Jehudae Lev, operis vero praefecto vel moderatore Josua Polono fil. Sal. Zalman. Parum accurate eum Abr. Romano tamquam editori et còllectori, ut infra monemus, tribuit Wolfius, qui et eum cum Abr. Lev perperam confundit.

102 Montalto Eliae *Livro em que mostra a verdade de diversos textos e cazos, que alegaon as gentilidadez para confirmar suas seictas; Liber in quo ostendit veritatem diversorum textuum et casuum, quos afferunt gentiles* (seu christiani) *in suarum sectarum confirmationem*, lusitanice MS.

Plura de eo Basnagius *Hist. des Juifs* T. IX p. 608, ubi ejus excerpta suppeditat, notatque contra originale peccatum et trinitatem potissimum esse directum. Memoratur etiam in *Bibliotheca Sarrasiana* inter libros in 4. p. 9 n. 95, Wolfio teste T. I p. 104.

103 Mortera R. Saul Levi *Tratado de la verdad de la ley de Moseh, y providencia de Dios con su pueblo*, seu *Tractatus de veritate legis mosaicae, Deique erga populum suum providentia*, hispanice MS.

Circumfertur inter judaeos Amstelodamenses et extat in biblioth. Sarrasiana. V. ej. *Catal.* inter lib. in 4. p. 8. n. 86. Ex hac bibliotheca fuse eum describit ejusque summam exhibet Basnagius in *Hist. jud.* T. IX p. 1018, ex qua constat non tam mosaicam legem defendi, quam christianam acriter impugnari. Hoc idem judicium fert Rodriguez de Castro qui aliud hujus tractatus exemplar vidit Matriti in bibl. patrum Mercedis, quod LXVI capitulis constabat ac foliis 499. » Haciendo, inquit is *Bibl. rabb. esp.* T. I pag. 573, un cotejo entre la ley mosayca y la cristiana, habla de esta con el mayor vilipendio, ultrajando en particular cadauno de sus dogmas mas principales, ridiculizando sus ritos, ceremonias y sacrificios, y blasfemando de sus mas sagrados mysterios: de modo que puede decirse ser este libro una colecion de las calumnias, y oprobrios que contra la religion cristiana han proferido los judios mas protervos ». Pro validissima etiam christianorum confutatione illum venditat Collinius in *Discourse of the grounds of christianity* p. 82. Conf. Wolf. T. III pag. 1002. Dubitandum autem non est quin ad hunc librum alludant ac referenda sint ea Barriosii verba in carmine *Arboris vitae* opusculis ejus inserto p. 77:

» La *Divinidad* provò
» De la ley: desbaratò
» Las sinensas *objeciones*
» Noto las *contradiziones*
» *De falsos ensennamientos*.

104 Idem liber hebraice sub tit. תורת משה אמת והשגחת ה׳ על עמו *Toràd moscè emèd*, *Lex Mosis veritas et providentia Dei super populum suum*, MS.

Sciftè jescenim pag. 88, et ex eo *Sèder adoròth* fol 179 verso, et Wolfius T. I p. 1022, et III cit. p. 1002, ubi asserit extare in bibl. Oppenheimeri, etsi in edito ejus *Catal.* non compareat. Priore autem loco suspicatur eundem esse cum libro *De divinitate legis*, quem Isaacum Gomes convertendum curasse scribit de Barrios in *Luzes de la ley divina* p. 4.

105 * Morterae ejusd. דרושים *Deruscim*, *Sermones in Pentateuchum* 4. Amstelod. an. 405, Chr. 1645 et MSS.

Sub tit. גבעת שאול *Collis Saul*. Sunt ii 500, ex quibus 50 solum editi, reliqui inediti, quorum elenchus ad priorum calcem exhibetur. In hisce sermonibus christianos impugnari, immo et integras aliquot homilias huic instituto destinari jam observavit Carpovius in notis ad eam quam ipse latine vertit *De aeterno ac indissolubili legis mosaicae cum gente israelitica nexu*. V. ej. *Animadv. philol. crit.* p. 159 et 169.

106 R. Mosis fil. Mosis fil. Jekuthielis *De veritate fidei judaicae disputatio* MS.

Extat in bibl. ol. reg. Parisiensi. V. ej. *Catal. mss. cod.* T. I p. 9 cod. 100 n. 3.

107 R. Mosis Narbonensis *Liber* המיחד *ammejachèd*, *De unitate Dei adversus christianos* Abu Achmet Algazeli heb. versus MS. In tres partes distinctus est et extat in Vaticana. V. Asseman. *Catal. mss. cod. Vatic.* T. I p. 176 cod. 209 n. 5, et Bartolocc. T. I p. 2. Sub alio titulo ס׳ יחוד אלהות recenset R. Scabtai pag. 28 n. 34, et *Seder adoròth* fol. 168 verso.

N

108 * Nachmanidis R. Mosis ויכוח *Vicùach*, *Disputatio cum fratre Paulo*, in *Milchèmed chovà* 8. CPoli 1710 et Wagenseilii *Telis igneis* heb. l. 4. Altorfi 1681.

Legitur in CPolitana ea collectione a fol. 1 ad 13, in Wagenseiliana vero post *Disput. R. Jechiel* a pag. 24 ad 60. In eo autem differunt binae hae editiones, quod prior illa sit accurata, integra, pura, posterior mendosa, mutila, interpolata, quippe quae facta est ex Argentoratensi codice qui sub initium deficiebat, ac multis praeterea mendis ac germanicis posterioris manus vocibus et interpolationibus scatebat. Ex CPolitano exemplari, quod est rarissimum nec a judaeis facile extorquendum, lacunam hanc supplet varietatisque specimen dat Wolfius T. IV p. 719, sed vitiose adeo, ut mirum sit tantum virum tam insigniter potuisse coespitare. Graviores tantum notamus qui in primis lineis occurrunt. Pro ובוניו תוד׳ legit CPol. textus ובוני ותוד, pro אתמא, אתיוה, pro וארעה, ואראה, pro אנ״קים, אלקים, pro אתמה, אתיודה, pro וצדירת, וצדיק, pro יהרד, יהרג. Vera ergo Nachmanidis lectio ex CPol. ipsa editione petenda, vel ex ms. aliquo codice bonae notae, qualis est cod. noster 157 membranaceus sec. XIV, qui cum ea editione generatim consentit. Absunt autem tum a ms. meo codice, tum ab edit. CPol. germanicae eae voces et interpolationes, ideoque perperam ex iis *Disputationem* hanc non Nachmanidis nostri, sed recentioris alterius judaei esse suspicabatur Basnagius *Hist. des Juifs* T. IX p. 494. Ms. servatur etiam in bibl. Leidensi. Vide ej. *Catal.* pag. 289. Disputatio porro haec contigit an. 1263 Barcinone coram Jacobo Aragoniae rege. V. eundem Basnagium et Wolf. T. I p. 881.

109 * Nachmanidis ejusd. ביאור על התורה *Biùr hal attorà*, *Expositio legis*, fol. sine an. et l., Ulyssip. 1489, Neap. 1490.

Non pauca habet in sectione Balak in christianos injuria et de eorum excisione disputata. Sed ea in recentioribus editionibus sublata sunt. Quaerenda ergo in mss. codicibus et in antiquis illis editionibus sec. XV, vel si eae praesto non sint, in iis quae factae sunt sub in. XVI, ut Pisaurensi 1514,

Thessal. 1520, CPolitana 1522. De prioribus illis V. *Annal.* nostros *sec.* *XV* p. 64, 71, 122, de posterioribus *Annal.* *MDI ad MDXL* p. 8, 21 et 23.

110 * Nachmanidis ejusd. ספר הקץ *Sèfer akkètz*, *Liber de termino redemptionis*, MS.

Ex Bileami, Mosis ac Danielis oraculis futuram judaeorum per Messiam redemptionem suadere conatur, cujus etiam terminum assignat, sed diu praeteritum. V. *De vana hebr. expectatione* pag. 129. Extat in cod. nostro 117, ex quo patet eundem esse cum libro הגאולה *de redemptione*; quem ut diversum Wolfius aliique recensent. V. annotata ad eum codicem.

111 Nach R. Isaac *Scriptum antichristianum*, MS.

Illud extare multumque eo gloriari judaeos ex lusitani judaei ore accepit Wolfius T. III p. 606.

112 Nathanaelis Eliae *Scriptum de Christo ejusque regno contra christianos* german. MS.

A Brenio latinitate donatum, ac notis seu animadversionibus illustratum in bibliotheca Roterdamensi aliqua absconditum vidit et legit Jo. a Lent. V. ej. *Theol. jud. mod.* p. 136. Male Nathan appellat, exque uno eodemque auctore binos facit Wolfius T. II p. 1053.

113 Nathan R. Isaac תוכחת מתעה *Tocachad mathhè*, *Confutatio seductoris*, MS.

R. Scabtai in *Scifiè jesc.* p. 82, Jechiel in *Seder adoròth* fol. 178 verso, Buxtorfius *Bibl. rabb.* ex Legeri addit. p. 111, Hottingerus in *Biblio. orientali*, Bartoloccius T. III pag. 916, Basnage *Hist. des juifs* T. IX pag. 697, et Wolf. T. I p. 464 et 683. Notat Scabtaeus esse contra apostatam Hieronymum, seu Hieronymum de sancta fide, qui anno 1412 coram Bened. XIII cum judaeis disputaverat, et contra eos scripserat. V. Wolf. priori loco sub Josua Lorki, ut primum is vocabatur.

114 Nathan ejusd. Isaaci מבצר יצחק *Mivtzàr Itzchàk*, *Munitio Isaaci*, MS.

Disputatio contra christianos. Buxtorfius, et Bartolocc. cit. l., Scabtai p. 38, *Seder ador.* f. 170 verso, et Wolf. T. I p. 683.

115 Nestorii monachi ex christiano judaei *Liber contra relig. christianam*, MS.

Extat in Vaticana num. 68, teste Bartoloccio ac Wolfio T. I p. 916.

116 * Nicholas Eduardi *Apologia por la noble nacion de los judios*, hispanice 12. Smyrnae 1659.

In titulo dicitur anglice scripta et Londini impressa an. 1649, Smyrnae vero recusa, anno non designato, sed eodem, quo Manassis *Esperanca de Israel*, cui subjungitur. Sub ementito eo nomine latet judaeus. Ostendit judaeos esse Dei populum, immerito a christianis affligi, a Deo redimendum, divina promissa ac prophetias de eo extare adhuc adimplendas, de anglis quidem conquaestus, sed contra catholicos romanos potissimum invehens, ac papam qui eos saepe extorres summa clementia excepit. Paginis constat 24 et belgice etiam prodiit a. 1666.

117 * Nieto R. David *Respuesta al sermon predicado por el Arcobispo de Cangranor*, hisp. 8. En Villa Franca sine anno.

In fronte dicitur edita *por el author de las noticias reconditas de la inquisicion*, quae illius rabbini sunt. V. Wolf. T. III p. 204. Edita autem est post auctoris mortem, quae contigit an. 1728, et ut videtur, Londini, ubi is etsi origine Venetus, degebat ac rabbini supremi munere fungebatur. Hinc in Wolfio nulla ejus vestigia. Nulla etiam, quod miror, in Rodriguez de Castro, qui p. 608 ac seqq. fuse nostri auctoris scripta persequitur. Quod libelli hujus raritati tribuendum opinor, quae reapse est maxima, ac tanta quidem, ut primum coactus sim ms. exemplar mea manu describere, ac nonnisi summo labore editionem ipsam deinceps obtinuerim. Lusitanus ille archiepiscopi sermo, *Sermam do auto da fe*, cui senex noster Nieto a suis excitatus se opposuit, Ulyssipone recitatus est die VI sept. anno 1705 eodemque anno ibidem editus. Multa sunt quae hinc inde disputantur et examinantur, sed praecipue Isaiae oracula cap. VII et IX, Jerem. XXXIII, Malach. I, ac Jacobeum Gen. XLIX, unde Messiae divinitatem et adventum archiepiscopus demonstraverat, tum et talmudica quaedam, quae addiderat, testimonia. Praemittitur autem Nieti opusculo editoris praefatio, in qua de auctoris ac libri laudibus, de religione judaica, de christianorum controversiis cum judaeis, ac de modo in iis servando disseritur.

118 * נצחון ישן *Nitzachòn vetus*, seu *Liber victoriae antiquus*, heb.-lat. in *Telis igneis satanae* 4. Altorfi Noric. 1681.

Ex ms. codice biblioth. Argentoratensis. Hackspaniano antiquiorem at longe nequiorem ac plane talem, quem omnia secula obstupescent, in praef. judicat Wagenseilius, subdens hunc eundem librum habuisse Munsterum, ex eoque complura fragmenta *Commentariis* suis *in V. T.* et *in Heb. Matthaei Evangelium* inseruisse, nullumque in eo scriptorem citari juniorem sec. XII. Conf. Wolfius T. I p. 738. Bartoloccius, qui scribit T. IV pag. 13 negativum hoc argumentum non sat probare operis antiquitatem, a Basnagio reprehenditur T. IX p. 941, qui tamen in recensione quam dat, variorum hujus tituli codicum multa et ipse peccavit et confudit. Illud porro mirandum quod subjicit Bartoloccius, certum esse Nizzachon, quo usus est Munsterus, et quod passim refellit, Lipmannum habere auctorem, et ad Hackspanii praefationem appellare confidenter, quae prorsus contrarium evincit. » Auctor Nitzachòn, inquit Hackspanius in ea praef. p. 218, 219, quem Munsterus atque Fagius mascule aggressi sunt, nusquam illis, quod sciam, Lipmannus dictus est . . . collatis inter se fragmentis Munsterianis nostroque Nitzachòn evictum crediderim longissime diversa esse scripta ». Ita autem comparatus est liber, ut primum ea V. T. loca excutiantur, quibus innituntur christiani, deinde vero et N. T. ac praesertim Evangelia confutentur. In percurrendis V. T. libris ordinem sequitur talmudicum, ac Jeremiam primum inter posteriores prophetas, Isaiam vero tertium collocat, quod idem facit in suo Lipmannus, certumque est antiquitatis indicium, germanicis etiam identidem verbis utitur, quae nisi pro totidem interpolationibus habeas, ostendunt auctorem fuisse natione germanum. V. p. 83, 148, 175. Praeter Munsterum ac Fagium *Nitzachòn* hoc *vetus* seu nonnulla ejus loca in examen vocavit Jo. Conradus Wakius, editis variis hac de re disputationibus quae an. 1699 Jenae prodierunt.

119 ניצחון *Nitzachòn* a Lipmanniano ac Vetere diversum MS.

Extabat in bibliotheca Uffenbachiana cod. 126 in fol. foliis 20, et modo *Nitzachòn*, modo *Tescuvòth* seu *Responsionum* nomine appellabatur. V. Maii *Bibl. Uffenbach.* P. I p. 384 et Wolf. T. III p. 662. Siqui alii sunt hujus tituli libri, ii facile ad editos, cum quibus generatim consentiunt, revocari possunt.

O

120 * אותות המשיח *Odòth ammasciach*, *Signa Messiae*, MS. et CPoli 1519.

Agit de signis futurum Messiae adventum et israelis redemptionem praecessuris, ubi de bellis et destructione gentium vel christianorum. Ms. exhibent codices nostri 541 et 1240, et CPoli excusus est cum aliis opusculis an. 279 seu 1519. V. *Annal. MDI ad MDXL* p. 18 et 19. Quae editio Wolfium latuit, qui eum ut ineditum refert. Libellum alium hujus tituli et argumenti a praecedenti diversum ac fusiorem sistit cod. noster 1033.

121 Onkeneira R. Isaac פורת יוסף *Poràd Josef*, *Ramus fertilis Joseph* CPoli.

Buxtorfius *Bibl. rabb.* p. 170 ex Legeri add., Hottingerus *Bibl. or.* p. 22, Bartolocc. T. III p. 889, Scabtaeus p. 60, *Seder adoròth* fol. 174 verso, Wolf. T. I pag. 646. Fatentur omnes esse disputationem contra christianos, ac christiani quidem auctores addunt a judaeis ipsis CPolitanis nihili aestimari. Hinc in Wolfio pro *in multo* lege *in non multo apud judaeos pretio*. Idem est hic liber cum בן פורת יוסף *Ben poràd josef* Josephi Nasì, de quo supra diximus, ab illis bibliographis perperam distinctus. Is enim in titulo aperte dicitur compositus a don Joseph Nasì, חברו שר וגדול בישראל דון יוסף הנשיא *composuit eum princeps et magnus in israel ec. don Joseph Nasì*, sed praecedit praefatiuncula interpretis R. Isaaci fil. Samuelis fil. Judae עונקינירא׳ Onkenira, qui ait se in domo auctoris CPoli adstitisse disputationi, eamque ex ipsius principis mandato descripsisse. Ita per ע Onkenirae nomen, non per א, ut habent illi auctores, qui et libri titulum mutilarunt, et editionis formam, quae est in 4., et annum 337 seu 1577 omiserunt. Ms. habere Oppenheimerum in fol. notat Wolfius T. III p. 551. Quod falsum puto, ac confusum ms. cum edito. Nam Oppenheimeri *Catalogus* nullum ejus tituli ms., aliunde vero CPolitanam illam editionem recenset fol. 7.

122 * Orobii R. Isaaci *Tria scripta adversus christianam religionem*, in 4. Goudae 1687 et 8. Basileae 1740.

Conferatur Phil. Limborchii *De veritate religionis christianae amica collatio cum erudito judaeo* priore illo anno et loco edita ac posteriori recusa. Sub eruditi enim judaei nomine Orobius noster intelligitur. Primum scriptum brevissimum est ac binas tantum priores posterioris editionis paginas complectitur, secundum fusius a pag. 9 ad 26 protrahitur, tertium fusissimum a 94 ad 244, reliquas Limborchii responsio et confutatio occupat. » Intentio judaei, inquit in praef. Limborchius, fuisse videtur ostendere nullas esse rationes, quibus judaei ad religionis christianae professionem, deserto judaismo, persuaderi possint, plures vero easque non exigui momenti, quibus ab ea deterreantur. Quo in argumento dextre satis ac docte se gessit. Judaeorum quippe argumenta, quibus religionem christianam impugnare solent, penitus se percepisse clare ostendit, ex iisque quae fortissima sunt, non infeliciter selegit ». Et paullo infra: » Evitare non potuit, subdit, quin quod declinare maluisset, varia contra religionem christianam, ejusque veritatem ac divinitatem conquireret, ad ostendendum non aequalibus eam comprobari argumentis, atque legem Mosis. Quare si hic contra relig. christ. quid scripserit liberius, non illud ipsi imputandum, quasi sponte occasionem evangelio obloquendi quaesivisset aut captasset, sed necessitati ». Verentur tamen eruditi Lipsienses, ne haec collatio cum judaeo nimis amica videatur theologis. V. eorum *Acta* ad an. 1688 p. 212. Ejus summam exhibet auctor *Essais hist. et crit. sur les juifs* P. I cap. XI p. 135, ea vero quae contra divinitatem miraculorum salvatoris Orobius affert, seorsim refutat Witsius in *Meletematibus Leidensibus* p. 360.

123 Orobii ejusdem *Prevenciones divinas contra la vana idolatria de las gentes*, seu *Praedictiones divinae contra vanam gentilium idololatriam* hispan. MS.

In duas partes vel libros opus dividitur, quorum alter XXIX capitibus constat, alter XXVIII, uterque autem foliis 300. » Libro I. Pruevase que todo quanto se habia de inventar contra la ley de Mosseh, previno Dios a Israel en los sinco libros de la ley para que advertidos no pudiesen caer en tales errores ». Nostrum hunc virulentum Orobii foetum vix memoraverat Collinius in *Discours sur les fondements de la relig. chrét.* p. 82 et ex eo Wolfius T. III p. 552, sed luculenter deinceps descripsit Rodriguez de Castro in sua *Bibl. rabb. esp.* T. I p. 605 ex exemplari quod extat Matriti in bibliotheca patrum mercedis. » En el prologo, inquit is, habla desenfrenadamente contra los principales misterios de nuestra santa fè catolica ». Propositoque Orobii instituto et argumento, quod sibi solvendum assumit, graviora omnia mala israeli obventura antea fuisse per prophetas revelata ac praedicta, christianam autem religionem israeli adeo exitiosam non fuisse nec in lege nec in prophetis ut malam revelatam, ac prohinde eam et bonam esse, et rectam, et acceptandam, » el dar solucion, subdit Rodriguez, a esto argumento fue el pretexto de que se valiò Orobio para arrojar toda la ponzoña judaica contra los christianos, ultrajando, abatiendo y despreciando lo mas puro y santo de sus verdaderos dogmas con las mas injuriosas expresiones, y con los dicterios mas insolentes y execrables: de modo que en toda la obra se manifiesta Orobio como judio el mas obstinado, y mas cruel enemigo de los christianos ».

124 Ejusd. *Respuesta a un predicante sobra la perpetua observancia de la divina ley, Responsio ad verbi divini ministrum super perpetua observantia divinae legis*, hisp. MS.

Occurrebat primo loco in collectione operum nostri auctoris, quae extabat in bibliotheca Sarasiana. V. ej. *Catal.* p. 21, Wolfium T. III p. 552, et Basnagium *Hist. des juifs* T. IX pag. 1047, ubi ejus summam suppeditat. Extat etiam a pag. 300 ad 340 in codice Matritensi patrum de mercede, quem supra commemoravimus, ex quo constat eum ministrum fuisse natione Gallum, et

Orobii responsum directum contra scriptum, quod minister ille auctori nostro obtulerat: » Respuesta a un escrito que presentò un predicante frances a el author contra la observancia de la divina ley de Moseh ».

125 Ejusd. *Explication del capitulo LIII d'Ysaias*, *Expositio cap. LIII Isai.*, hisp. MS.

Legitur in eod. codice Sarasiano. Conf. Wolfius et Basnagius cit. locis.

126 Ejusd. *Explication paraphrastica de las LXX semanas de Daniel*, seu *Expositio paraphrastica LXX hebdomadum Danielis*, hisp. MS.

In eodem codice Sarasiano. Conf. iidem auctores ac Basnagius praesertim, qui novam hanc, quam auctor dat, LXX hebd. expositionem fuse delineat p. 1050 ac seqq.

127 * Ejusd. *Israël vengé*, *ou exposition naturelle des propheties hébraïques que les chrétiens appliquent à Jesus leur prétendu Messie* 12. Londr. 1770.

Testatur editor in praef. hoc opus ab Orobio primum fuisse hispanice compositum, deinde vero ex inedito auctoris autographo a judaeo alio nomine Henriquez gallice conversum, ut votis satisfaceret viri docti in Belgio residentis, qui videtur versionem ipsam emendasse. Ego sane non crediderim purum hic Orobii textum et opus exhiberi, sed ex ejus principiis et scriptis concinnatum, redactum, et auctum. Cap. I exponit discrimen quod inter legem intercedit ac prophetias, II futuram israelis redemptionem, III ac IV christianorum expositiones super prophetiis refutantur, V agit de effectibus veri adventus Messiae, VI argumenta diluuntur quibus christiani demonstrant Messiam pro humano genere moriturum, VII Isaiae cap. LIII de christianorum Messia interpretari non posse. Sequitur p. 187 dissertatio de Messia, qua ostendere conatur eum non venisse. Ea in octo capita dividitur. Cap. I contendit Deum israelitas praemonuisse in lege, ne sinerent se a christianis abduci, II israelem credere non debere incarnationem, III christianos esse idolatras, IV viae ac modi israeli indicantur evitandae christianorum seductionis, V incarnationem non necessariam ad expiandum peccatum Adami, VI miracula non sufficere ad confirmanda divina dogmata ac veros prophetas, VII Deum iisdem signis israelitas in captivitatem duxisse, quibus in desertum, VIII israelitarum fidem divinis revelationibus consentaneam esse opportere. Constat liber impius pag. 244.

P

128 * Peripòth Duràn, vulgo Ephodaei dicti, אגרת *Ighèred*, seu *Epistola ad Bonetum* 8, sine an. et loco.

Auctorem alii aliter vocant. R. Joseph ben Scem Tov *Propheth*, Bartoloccius male *Enprophia*, *Epistola* vero ipsa communiter etiam appellatur אל תהי כאבותיך *Al theì caavodècha*, *Ne sis sicut patres tui*, ex verbis quibus incipiunt singula capita, quaeque specie tenus videntur neophitum illum in christiana religione confirmare, re tamen vera ab ea avertunt ac revocant. Hinc subdola ea est, illusoria, antichristiana. Vide Scabtaeum pag. 3, *Sedèr ador.* fol. 163, Bartol. T. I p. 98 et 404, et Wolf. T. I p. 992, et III pag. 950. Edita est, non Sabionetae, ut putat Wolfius, sed potius CPoli, ut fuse olim ostendimus in *Annal. heb.-typ. Sabion.* pag. 17 n. XIII. Quae nostra opinio confirmatur modo ex *Catal. bibl. Oppenh.*, qui referens fol. 2 illud ipsum exemplar, quod Wolfius viderat, Sabionetae locum omittit et cum epistola alia connectit CPoli impressa. Editio, summae sane raritatis, adnexam habet praefationem R. Abr. Isaaci Akrisc, commentarium R. Josephi ben Scem Tov, et alia quaedam minoris momenti, inter quae *Epistola R. Salom. Bonfir* ad magistr. Estrok a Wolfio praetermissa. Eam in Hispania publica auctoritate combustam fuisse tradit Meelführerus in *Accessionibus ad Almeloveenii Biblio. promissam et latentem* p. 157, confirmatque Schelhornius, qui ex hoc raritatis caussam derivat in *Amoen. litt.* T. IX p. 685. Hallucinatur tamen uterque, quia decretum illud editionem ipsam praecessit ac mss. tantum exempla comburi potuerunt. V. Akrisii textum a nobis allatum in illis *Annalibus* p. 20, et a Rodriguez repetitum in *Bibl. hisp.* T. I pag. 235. Verum si tantae raritatis est editio, ut vix bina quae supersint, mihi innotescant ejus exempla, nostrum hoc variis in locis manu suppletum et Oppenheimerianum, non adeo infrequentia in pubblicis ac privatis bibliothecis sunt mss. In nostra hac bina extant sub n. 84 et 755. Habet et Vaticana in cod. heb. LXXX, ut constat ex Assemani *Catal.* T. I p. 58, qui tamen perperam notat non esse typis vulgatam. Habet Taurinensis. V. ej. *Catal.* T. I ad cod. CLX. Sed pro האפר quod mendose legitur, corrige האפ״ד, quam notissimam Ephodaei siglam mirum est cl. Pasinum non intellexisse, qui scribit epistolam anonymam esse, nec ejus argumentum potuisse percipere. Habet Laurentiana in cod. XIV plutei III, teste Biscionii *Catal.* T. I p. 452. Habet Leidensis inter codices Scaligeranos pag. 277 n. 15, ut notant Scabtaeus ac Wolfius, habuitque olim Meelführerus, ut patet ex ej. *Diss. de fatis erud. or.* cap. 16, ubi male asserit epistolam hanc esse *Toledòth* ipso *Jescù* nequiorem.

129 * Peripoth ejusd. כלימת הגוים *Chelimàd aggoìim*, *Opprobrium* vel *Confusio gentium*, seu *christianorum*, MS.

Ineditum hoc opus, quod brevius etiam ספר הכלימה *Liber acchelimà*, seu *confusionis* appellatur, ex solo testimonio R. Josephi ben Scem Tov vix memorant Scabtaeus et auctor *Sedèr adoròth*, et ex Legero Buxtorfius, Wolfius vero ex solo *Catalogo bibl. Lugd. Bat.* p. 289, seu ex solo titulo codicis 62 ejusdem bibliothecae adeo male expresso et intellecto, ut illud primum cum praecedenti auctoris nostri *Epistola* confuderit, deinde vero falso conjecerit T. II p. 1313 non tam singularem esse commentationem, quam generalem titulum variorum tractatuum qui ad hoc argumentum pertineant. Sed tria jam apud nos extant hujus libri mss. exempla, quae luculenter aliter ostendunt, quibus quartum postquam haec scripseram, paullo antiquius, doctissimi et amicissimi equitis abatis Thomae Valpergae de Calusio studio et humanitate accessit. V. codices nostros 120, 122, 124, 1269 et quae in *Catal.* ad eorum primum adnotamus, ubi et fuse agimus de ejus auctore. Duodecim porro capitibus opus constat, quorum I agit de intentione Jesu nunquam faciendi se Deum, II de trinitate, III de peccato originali, IV de divina lege a Jesu non destructa, sed confirmata, v de christianorum dogmatibus ac fundamentis, vi de eucharistia, vii de baptismo, viii de romano pontifice, ix de Maria matre Jesu, x et xi de erroribus et hallucinationibus Jesu ac discipulorum ejus, xii de hallucinationibus Hieronymi. Extat etiam in Oppenheimeriana, ut ex ejus *Catal.* eruitur in mss. classe fol. 9 verso, et in Casanatensi in cod. FFF vi 7 qui perperam in *mss. Catal.* creditur unicus.

130 פרוש *Perusc* seu *Commentarius in Pentateuchum*, MS.

Anonymi judaei germani saepe antichristianus. Extabat in bibl. Uffenbachiana. V. ej. *Catal.* a Majo editum pag. 15 et exempla ab eo allata.

131 * פרושים *Peruscìm*, seu *Commentarii in sacras scripturas* MSS. et editi.

In judaeorum commentariis loca quaedam identidem occurrunt, in quibus expositiones nostrae vel nostra dogmata impetuntur. Praecipuos nos hic protulimus, eosque qui vel ex instituto id faciunt, vel antichristianis illis locis magis abundant, qui propius ad *Bibliothecam* nostram pertinere videbantur. Loca alia minoris momenti extant etiam in Jarchio, in Aben Ezra, in Jalkut, in Jacobo ben Ascer, in Arama, aliisque interpretibus, quaedam in antiquis Medrascìm, in Targumim seu chaldaicis paraphrasibus serioris aevi, in Maimonide, Mose Kotzensi aliisque auctoribus vel scriptis, quae si velis dignoscere, illud teneas oportet quod saepe ac perpetuo monuimus, ea esse in mss. codicibus vel vetustis editionibus indaganda, nunquam in recentioribus, a quibus diligenter sunt amota.

132 Pilzaro R. Abraam Israel *Discursos y exposiciones sobre la vara de Jeuda, vaticinio del insigne patriarcha Jahacob*, seu *Sermones et expositiones super Jacobi insignis patriarchae oraculo de sceptro Judae*, Gen. XLIX 10, hispan. MS.

Praemissa heb. textus lectionis praestantia et integritate varias in sui favorem cel. hujus oraculi profert interpretationes, deinde vero christianorum sententiam confutat in favorem Jesu Christi, qui nec regnum, nec pacem in orbe fundavit, subjectis aliis prophetiis ac signis hucusque non adimpletis. Conf. Basnage *Hist. des juifs* T. IX p. 1009 ac seqq., qui plura de hoc libro suppeditat, quem servat bibliotheca Saraziana. Le Longius, qui librum commemorat in *Biblio. sacra* T II pag. 594, et ad eandem bibliothecam Sarazianam provocat n. 88, auctorem aliter appellat *Bizaro*. Quam appellationem nescio cur rectiorem judicet Wolfius T. III pag. 42 priori illa Basnagii, qui bibliothecam illam et codicem diu multumque manu versavit.

133 * Polkàr (ben) R. Isaac אגרת החרפות *Ighèred acharaphòth*, *Epistola exprobrationum ad Alphonsum*, *quondam R. Abner*, MS.

In cod. nostro 533 sec. XIV. Polkarium nostrum, quem Polgar pronunciat, ejusque librum contra astrologiam commemorat Bartoloccius, et ex eo Wolfius ac Rodriguez de Castro, sed de nostro hoc antichristiano silent omnes profundissime. Is in V sectiones dividitur, in quarum I ostendit auctor necessitatem legis ac religionis, II vera ac necessaria fidei dogmata in judaica religione confirmari, III eam esse reliquis universis praestantiorem ac sanctiorem, IV in ea sola foveri spem vitae aeternae, V Messiam adhuc non venisse, ubi prophetica plura oracula coacervat ac signa in II templo vel Jesu non adimpleta. De Alphonso illo a Polkario confutato, cujusque *Responsiones ad ej. Epistolam* in codice subjiciuntur, conferantur quae ad eundem cod. conscripsimus.

134 * Pomis (de) R. David *De medico hebraeo enarratio apologica* 4. Ven. 1588.

Sect. VIII ostendere nititur auctor christianos esse edomaeos, judaeorum fratres et affines, eos mosaicae legis observatores esse debere et imitatores, ut fuerunt Jesus et apostoli, qui eam legem non negarunt, vel abrogarunt, sed observarunt, sect. IX ex prophetarum oraculis ac consensu judaeos nunquam esse a Deo abjiciendos, nec ob quodcumque crimen destituendos divina gratia et miseratione, sed congregandos de medio nationum, salvandos, restituendos ad propriam terram, contra eorum inimicos destruendos, sect. x prophetas judaeorum redemptionem, eamque temporalem praedicasse, non spiritualem, ut praedicarunt discipuli Jesu, judaeos Jesum ut Deum non agnoscentes, fretos fuisse divinis scripturis, quae unum esse Deum testantur, et ibi producuntur contra divinitatem Jesu, a cujus morte si christianus vitam et salutem accepit, eam beneficii loco habendam, non exprobrandam judaeis. Integrum libri rarissimi titulum et sectionum argumenta habes apud Wolf. T. III p. 196.

R

135 Rapa Jonae הגדה *Agadà* seu *Narratio historica de Jesu ortu, vita, mysteriis ac morte*, MS.

Ut majore hebdomada nobis sancta in usu est apud judaeos lectio *Agadae paschatis*, ea ipsa suam hanc *Agadà* suis legendam auctor proponit, satiricam et infamissimam, in qua Christi ortus, vita, mysteria, mors, christianorum festa, nativitas, circumcisio, passio, pascha, resurrectio, quadragesima, bacchanalia depinguntur et irridentur. Ex praxi quadam sacra, quam affert et Vercellis viget, suspicari licet a judaeo Vercellensi esse profectam.

136 *Reposta a hum papel, afirmando quatro pontos fundamentaīs da religiaõ christiam*, seu *Responsio ad scriptum quo* IV *fundamentales christianae religionis articuli defenduntur*, lusitanice MS.

Videlicet Messiam esse debere Deum et hominem, eum venisse, Isaiae cap. LIII de Christo agere, legis observantiam adveniente Messia cessaturam. Ostendere ergo conatur judaeus cap. I christianismum rationi ac sacrae scripturae adversari, II Messiam non futurum Deum et hominem, III eum non venisse, IV illud Isaiae caput ad christianorum Messiam non referri, V mosaicam legem perpetuo duraturam. Hoc ms. primum possidebat la Crozius, qui postea illud Wolfio concessit. Conferatur de eo la Crozius ipse in epistolis suis ad Crellium ac Kortholtum datis et *Thesauro la Croziano* insertis T. III p. 111 et 192, et Wolfius T. I p. 742 et III p. 663, ubi fusius describitur. Nunc extat in bibliotheca Zalusciana sub n. CCLIX. V. ej. bibliothecae *Specimen cat. mss. cod.* a Jo. Dan. Janozkio Varsaviae editum p. 78. In suprema folii prioris parte vocatur opus impium quidem, attamen eruditum, in ima vero haec legitur la Crozii nota autographa: » Hoc opusculum ferme integrum in linguam latinam olim transtuleram, sed postea saniori consilio ob innumerabiles quae eo continentur, blasphemias, absolutam propemodum versionem abolevi. Mathurinus Veyssiere la Croze Berolini XII kal. sept. A. C. 1709 mpr. ». Habuit hoc idem opus etiam Jaquelotius, qui illud ab Amstelodamensi judaeo acceperat et Orobio, sed ex la Crozii judicio falso tribuebat, ut monet Wolfius priore loco.

137 * Roman R. Abraàm סלע המחלקות *Sèlah ammachlekòth*, *Petra divisionum*, MS. et seorsim הקדמה *Praefatio ad hunc librum* 8. CPoli 1710.

Edita quidem haec in *Milchèmed chovà*, quod supra protulimus, sed liber ille, unde decerpta, cujus titulus ex 1 Sam. XXIII 28 petitus est, non modo ineditus, sed et Wolfio ac ceteris omnibus bibliographis est prorsus ignotus. Ejus tamen existentia et argumentum manifeste ex praefatione ipsa eruitur, in qua postquam breviter auctor christianae religionis originem, fundatores, ac primaria dogmata, seu trinitatem, incarnationem, Christi divinitatem et ortum ex virgine, a quo evangelistae ordiuntur, delineat et perstringit, recens quoddam polemicum Cyrilli patriarchae sui temporis, qui Cyrillus Lucar fuisse videtur, opus commemorat contra judaeos, quod suo illi scribendo, seu suae confutationi occasionem dederit. Sane Cyrillus Lucar patriarcha CPolitanus graeca lingua vulgari quaedam contra judaeos scripsit, quorum apographum se habere testatur Hottingerus in *Bibliothechario quadr.* p. 387. Conf. Leo Allatius contra Hotting. p. 10 et de Spir. S. p. 506 et Wolfius T. II p. 1032. In Wolfio, qui de nostro auctore agit T. III et IV sub n. 153 c, et liber ille supplendus, et varia emendanda. Nec enim est, ut ipse autumat, antichristianae illius collectionis editor, seu illorum scriptorum collector, quum multo ante, ut ex sigla ז"ל ejus nomini subjecta colligitur, is e vita decesserit, nec ejus praefatio est praefatio ejus libri, sed alterius ei praefixa, nec ejus nomen, quod in suo exemplari non invenit, sed aperte legitur in fronte, idem est cum Abr. Lev, ut perperam conjicit T. IV p. 725.

138 * Rophè R. Daniel תשובות *Tescuvòth* seu *Responsiones ad argumenta christianorum*, MS.

Autographae in cod. meo 402 ad marg. *Disput.* R. Sal. filii Mosis. Eae respiciunt potissimum trinitatem, Jacobi oraculum, Christi miracula, exilii diuturnitatem, Messiae adventum. Illud singulare quod Christi miracula admittit ac coactam fatetur in Jacobaeo oraculo suorum expositionem עד seor-

7

sim in sensu aeternitatis, ut sensus sit non defecturum sceptrum in aeternum, quando veniet Messias. וזה פי' זר אצלנו העברים אלא לשבר אזן הנוצרים *Haec expositio*, inquit, *extranea est apud nos judaeos, sed ad confringendas aures christianorum*. In Wolfio nulla nec ipsius auctoris vestigia. Binas alias notas antichristianas, quarum una fusa Isaiae oraculum VII 14 de העלמה *Aalmà* conceptura examinat, habet hic idem auctor ad marg. excerptorum Kimchii, quae supra sub num. 7 occurrunt in eodem codice.

S

139 * Saadiae ס' האמונות *Sèfer emunòth*, *Liber articulorum fidei*, 4. CPoli 322, Chr. 1562, et Amst. 408, Chr. 1648.

Ita in plur. habent codices et editiones, non ס' אמונה *Liber de fide* in sing., ut habent Buxtorfius ac Wolfius. Editiones autem sunt ex versione heb. R. Jehudae fil. Saulis aben Tibbon, ut fidem faciunt in titulo CPolitana illa rarior ac princeps editio, qua utor, ac bini mss. mei codices, 83 et 417, non filii Samuelis, ut male notant Scabtaeus ac Wolfius T. I p. 993. Arabice enim librum auctor composuit. Composuit autem non anno 633, Chr. 873, ut mendose legunt in titulo CPol. editio et mss. omnes vel fere omnes codices, sed 693, Ch. 933, ut invictis rationibus fuse demonstramus in *Catal. mss.* nostrorum *codicum* ad cod. 83, ubi multa de Saadia disserimus, variosque de eo bibliographorum errores detegimus. Locum porro in hac *Bibliotheca* nostro huic ejus libro assignamus ob tractatum II, in quo unitatem Dei adstruens, contra trinitatis mysterium acerbe disputat, et ob VIII, in quo de redemptione ultima per Messiam peragenda, de ejus certitudine, signis, termino, consolationibus ex prophetarum oraculis iterum contra nos agit. Quae singula enucleatius adhuc exponit ineditum hujus libri compendium, quod concinnavit R. Berachias bar Nitronai et sistit cod. noster 482. Idem est cum posteriori hoc tractatu, non diversus, ut recenset Wolfius, nostri auctoris ס הפדות והפורקן *Liber de liberatione et redemptione*, qui seorsim sub hoc titulo prodiit Mantuae an. 316, Chr. 1556, Amstelodami 418 seu 1658, et Pragae sine anno, cum germ. vero versione Gedani recusus per Jo. Salomonem, qui et in libello *Die zertheilte Finsterniss* ib. edito an. 1681 eum confutavit. Antichristiana etiam non pauca habet Saadias in *Comm. in Danielem*, quae tamen in *Bibliis rabb. Venetis* 1525 quaerenda sunt, vel in mss. codicibus, quorum tres bibliotheca nostra suppeditat. V. cod. 308, 456, 728.

140 * Salomonis fil. Mosis ויכוח *Vicùach* seu *Disputatio contra christianos*, MS.

Extat in eodem codice nostro 402 n. 10, eaque non inedita modo est, sed et bibliographis omnibus ignota. Praemittuntur in judaei gratiam cum christianis aliquando disputaturi optima quaedam consilia ac monita de modo quo gerere se debet, deinde vero totidem minoribus sectionibus unitas Dei, Messiae praedictio, fides unica eaque israelitica in ejus adventu futura, regnum, universalis pax, universalis et aeterna israelis redemptio, Hierosolymitanae urbis reaedificatio, bellum Gog et Magog, mosaicae legis confirmatio aliaque ejusmodi ex sacris scripturis proponuntur et demonstrantur.

141 * Salomonis fil. Simeonis ben Tzèmach מלחמת מצוה *Milchèmed mitzvà*, *Bellum praecepti* 4. sine an. et loco.

Sed Liburni paucis abhinc annis una cum patris Simeonis קשת ומגן o. de quo infra loquemur. Auctorem vix innuit Wolfius T. 1 p. 1082 sub n. 2024, vixque unicum ejus librum *Tikon sopherìm*. R. Azulài in *Scem agghedolìm* P. 1 fol. 73 verso addit ex aliorum testimonio illius *Quaesita et responsa*. De nostro opere nec ii nec alius quispiam ne verbum quidem. Est in defensionem Talmudis contra Hieronymum de sancta fide, qui contra ipsum Talmud ejusque errores insignem librum scripserat multoties editum. V. Wolf. T. I p. 464. Eum quidem auctor primo non nominat, nisi sub nomine cujusdam ex epicuraeis, seu christianis. At vero paullo post diserte illum appellat *Hieronymum impium, cujus nomen ac memoria deleatur*. Singula ergo Talmudis loca fabulosa vel impia ab eo objecta expendit et explicat, hocque suum scriptum testatur ad calcem composuisse se in ismaelitarum urbe Alghezaidia mense chislev anno 5198 orbis conditi, aerae nostrae 1437.

142 * Scalòm R. Joseph תשובות *Tescuvòth* seu *Responsiones ad Epistolas magistri Alphonsi*, MS.

In cod. nostro 533. Tres adversus judaeos epistolas scripserat Alphonsus hic, Burgensis dictus vel Vallisoletanus, in quibus demonstraverat nomine IV regni a Daniele praenuntiati tamquam exscindendi ante Messiae adventum, regnum edom seu christianorum non posse intelligi, ex Danielis vero ipsius oraculo de LXX hebdomadibus et ex Talmudicis testimoniis Messiam jam dudum venisse ac frustra expectari. Tres has epistolas refellendas suscepit Josephus Scalom eo scripto, cui Alphonsus iterum respondit. Singula haec polemica Alphonsi ac Scalomi opera continet ille codex noster 533, suntque singula tantae raritatis, ut nullam eoſum mentionem injiciant bibliographi sive judaei, sive christiani. Alphonsi enim *Epistolae* et *Responsa*, nihil commune habent cum ejus מלחמות ה׳ *Bellis Domini*, de quibus Nicol. Antonius in *B bl. hisp. vet.* T. II p. 102, Reimannus *Introd. ad hist. theol. jud.* p. 501, et Wolfius T. I et III sub n. 322. Josephi vero Scalom nec nomen ipsum Wolfio aliisque bibliographis notum est.

143 שְׁאלות *Sceelò'h* seu *Quaestiones XXX contra christianos*, MS.

Ab anonymo judaeo nobis oppositae ac objectae, quibus ad incitas nos redigi et os obturari credidit. Erant in bibl. Jablonskii. V. Wolfium T. II p. 1294, qui et earum specimen addidit.

144 שאלות *Sceelòth*, *Quaestiones* seu *Objecta XLVI ad christianum*, lusitanice MS. et latine a Coccejo versae et editae.

Leguntur in ej. Cocceii *Consideratio judaicarum quaestionum* 4. Amstel. 1644 et 1661 et T. VII Opp. Primum respondet anonymus ille judaeus Lusitanus ad quaestiones XXIII christiani cujusdam catholici, postea vero suas has XLVI ei solvendas proponit. Wolf. T. II p. 1049 et 1295.

145 * שאלות *Sceelòth*, seu *Objecta judaeorum in Matthaeum* 12. Paris. 1555.

Ad calcem *Evangelii Matthaei* hebraice a Tilio editi. V. et praef. ej. Evangelii 8. Basil. 1578, ubi virulentae illae objectiones repetuntur. Eas latine versas et confutatas exhibet Buxtorfius ad calc. *Synagogae judaicae.*

146 * Scem Tov fil. Isaaci ben Spròt אבן בוחן *Even bochàn*, *Lapis lydius*, MS.

Nescio quare Bartoloccius et alii legant *Sciprùt*, vel *Sciphrùt*, quum non שיפרוט, sed שפרוש *Scephròt*, vel ut communius judaei, *Spròt* constanter legatur hoc nomen. Ineditum hoc ejus opus, in quo ex professo impugnatur christiana religio, non in hac nostra modo bibliotheca, sed in aliis non paucis servatur, ut Leidensi, Medicea, Casanatensi, Collegii neophitorum Romae, Oppenheimeri, aguntque de eo bibliographi plerique, judaei ac christiani, multis tamen immixtis erroribus, iisque gravissimis, quos nimis longum esset recensere. V. annotata ad cod. nostrum 760. Inter hos ille minime tacendus, quod illud non filio, sed patri Isaaco Zacutus et Ganzius, utrique vero Bartoloccius ac Basnagius male attribuant. Liber, in quo bini interlocutores introducuntur, judaeus et christianus, ille sub nomine המיחד *ammejachèd*, *unitarii*, hic sub nomine המשלש *ammescalesc*, *trinitarii*, XVI constat sectionibus, quaelibet autem sectio variis capitibus. I sectio agit de articulis fidei judaicae, II de lege Mosis, III de Isaia ejusque prophetiis, IV de Jeremia, V de

Ezechiele, VIII de Proverbiis, IX de Daniele, X de Jobo, XI de Agadòth seu Talmudicis historiis, XII de articulis fidei christianae, XIII de Evangelio, XIV confutatio magistri Alphonsi, XV de resurrectione mortuorum, XVI de Messiae gestis ac signis. Quibus sectionibus quaestio subjicitur, alterius, ut videtur, auctoris, quidnam boni mundo Jesus adventus attulerit. Ita codex meus 760. Leidensis constat et ipse XVI sectionibus, sed alii nonnisi XIV enumerant, ut Mediceus et Collegii neophitorum, sicque primum auctor ipse in epigr. prioris. V. Biscion. *Catal.* min. p. 227. Videlicet habent hi seorsim ad calcem, quod habent illi in continuatione. Dissident et in ordine argumentorum. Rodriguez de Castro qui notat in *Bibl. hisp. rabb.* p. 230, in binas partes librum dividi, quarum altera de unitate agat, altera de trinitate, binos illos interlocutores confudit. Ex epigraphe illa medicea constat eum compositum fuisse a. 5145, seu 1385, non 1240, ut male habet Bartoloccius T. III p. 927. Nec idem ipse est cum Evangelio Matthaei, nec Parisiis editus, ut putat idem Bartoloccius. Evangelium illud est tantum libri pars, seu una sectio in nonnullis codicibus. Ceteri, eo omisso, solas objectiones retinent. Ex ea epigraphe emendanda etiam varia Montfauconii et Wolfii errata, qui ceteris fusius de hoc libro pertractat T. I p. 1127 et III p. 1135. Conf. Biscionius cit. loco et *Catal. mss.* nostrorum *codicum* ad cod. illum 760. Notat Bartoloccius T. III p. 52 Jo. Bapt. Jonam respondisse ad argumenta contra Evang. Matthaei nostri auctoris, quem mendose R. Chaiim Ciprut appellat, et *Responsionem* illam ms. servari.

147 R. Scem Tov ויכוח *Vicuàch* seu *Disputatio cum Petro de Luna cardinali in Aragonia habita*, MS.

In bibl. publica Parisiensi. V. *Catal. mss. bibl. reg. Paris.* T. I p. 13 cod. 144 n. 4, et *Catal. bibl. Colbert.* n. 5452 apud Wolf. T. III pag. 1134, qui conjicit esse R. Scem Tov fil. Josephi ben Palkira. Non dubito quin eadem cum nostra hac sit Disputatio illa anonymi rabbini cum eod. cardinali de peccato origin. quam ut extantem olim in bibl. Caroli de Montchal memorat Labbeus in *Bibliot. nova mss.* p. 208 et ex eo Wolfius T. II p. 1049.

148 שבועים שבעים *Scevuhìm scivhìm*, seu *De LXX hebdomadibus Danielis contra christianos*, MS.

Olim apud Gregorium Compagni de Scharintiis, qui et *Responsionem* ad eum reliquit. V. Imbonatum pag. 62. Incipit *Haec est porta Domini*, unde libri titulum desumpsit possessor, qui testatur in eo variis capitibus, praecipue ex decem testimoniis V. T. probari falsam esse christianam religionem. Codicem describit Bartoloccius T. II p. 323, qui et ejus argumenta enarrat p. 329, et refellit p. 331.

149 * Segre R. Josuae אשם תלוי *Ascàm talùi*, *Delictum suspensi*, MS.

In biblioth. nostra in cod. 1271. Vercellensis erat auctor, sed rabbinus Scandiani, ubi paucis abhinc annis eum novi, et ubi paullo post diem obiit supremum octogenario major. In praefatione testatur is se hunc suum librum concinasse annos natum 23. Quod liber ipse per se satis prodit, juvenilis, protervus, impudens, temerarius. Constat is capitibus XXVII, quorum V priora auctor impendit in impugnanda trinitate et in examinandis ac diluendis scripturarum locis a christianis pro ea productis. Cap. VI agit de oraculo Jacobi, VII de libro antijudaico Julii Morosini *Via della fede*, ejusque argumentis nonnullis pro trinitate, et eorum confutatione, VIII ac IX argumenta alia aliaque scripturarum loca examinat in illius mysterii favorem a christianis prolata ex Pentateucho, X Prophetarum loca expendit quae favent Christi incarnationi et nativitati ex virgine, ac potissimum Isaiae VII 14, cui Matthaeus innititur, XI idem Isaiae oraculum resumit, cui et alia addit cap. IX ac

XLII, XII de passione ac morte Messiae pertractat atque Isaiae capitibus L, LI, LII, LIII a nobis objectis, XIII de variis Jeremiae locis ejusdem argumenti, XIV de prophetia Amosi cap II, XV de psalmis nobis faventibus, praesertim II, XXII, et CX, XVI de LXX hebdomadibus Danielis, XVII ac sequentibus de oraculis ac signis Messiae adhuc futuris et implendis, nec in Jesu nostro adimpletis, XXIV de nova Jesu lege seu evangelio, XXV ac seqq. de legis mosaicae immutabilitate. Cap. VI notat se in urbe Aquarum cum Gregorio Zaccati Florentini ducis concionatore de eo Jacobi oraculo disputasse, et praeceptorem habuisse R. Jehudam Bariel, cujus polemica opera supra protulimus, quod et cap. XIII confirmat. Latinis vulgatae nostrae versionis textibus identidem contra nos utitur, sed mendose plerumque referens ac supinam ubique prodens latinae linguae inscitiam, etiam quod mirum, ubi temere et injuria male translati fontis Hieronymum accusat. V. cap. XV ad Ps. CX et *Catal. mss. nostrorum codd.* ad hunc librum.

150 * סליחות *Selicòth* seu *Preces et Cantica pro remissione peccatorum* fol. Barci 257, Chr. 1496.

Multa in hac editione occurrere adversus christianos directa, quae in nostro exemplari deleta sunt, in hodiernis vero editionibus eliminata, jam observavimus in *Annal. sec. XV* p. 108, selectisque etiam confirmavimus exemplis. Eorum non pauca retinuit Pisaurensis vel Fanensis a Soncinatibus curata sub in. sec. XVI, nec dubito quin retineant antiquae aliae editiones harum precum varii ritus, ut retinent mss. earum codices nonnulli a Wolfio allati T. II pag. 1383 et 1384.

151 Simeonis bar Tzèmach מגן אבות *Maghèn avòth*, *Clypeus patrum*, MS.

In Bodlejana inter codices Mareschallianos n. 5239, et in Oppenheimeriana, cujus *Catalogus* in classe mss. fol. 11 verso notat agere מיסודות ועקרי האמונה *De fundamentis et articulis religionis*, et in III partes dividi, quarum 3ª quae dicitur pars Jacobi, de cognitione Dei disserit et de retributione et poena, codicem vero esse pretiosissimum charactere exaratum hispanico in folio. Rectius id quidem, et enucleatius, quam a *Catal. Bodlejano* fiat, qui monet agere de philosophia morali, vel a Zacuto et Buxtorfio, qui scribunt ostentari in hoc libro doctrinam ex Talmude et omnibus aliis scientiis, vel a Ganzio denique, eumque secutis Scabraeo pag. 39 n. 73, *Sedèr adoròth* fol. 170 verso, ac Wolfio T. I p. 1148, qui tradunt esse commentationem in Gemaram. R. Azulai in *Scem aghedolìm* P. II fol. 54, praetermisso Ganzio hujus erroris fonte ac

Scabtaeo, Sedèr adoròth de hoc redarguit, docens esse commentarium in Pirkè avòth excusum Liburni, reliquasque hujus libri partes de variis scientiis ibidem prodiisse. Ex articulis quos infra subjicimus, constat jam agi in hoc libro etiam directe contra christianos, ac prohinde librum illum *Maghen avòth*, quem ut anonymum et a nostro diversum refert Scabtaeus n. 72, et ex eo Sedèr adoròth cit. l., et Wolfius T. II p. 1327, notantque esse disputationem de religione turcarum, karaeorum et christianorum, unum eundemque esse cum nostro hoc Simeonis bar Tzèmach, a quo illi perperam distinxerunt. Quod vel ex ipsa Legeri appendice ad Buxtorfii *Biblioth. rabb.* p. 114 ed. Herborn. dignoscere poterat Wolfius, si eam consuluisset. Eorum autem omnium continet confutationem, non solius fidei mohammedicae, ut habet Hottingerus *Biblioth. orient.* pag. 21, Reimannus *Hist. theol. jud.* pag. 99, et ex iis Koecherus *Nova bibl. heb.* T. I pag. 129.

152 * Ejusd. פתירת אמונת הנוצרים *Pediràd emunàd annorzerìm*, *Expositio fidei christianorum*, 8. CPoli 1710.

Excusa in *Milchèmed chovà* hujus anni et loci a fol. 38 verso ad 68, et excerpta ex praecedenti majore opere *Maghèn avòth* sub novo illo titulo. » Christiani, inquit, quamvis credant legem datam Israeli per Mosem esse divinam, contendunt tamen contra nos eam in evangelium immutatam fuisse per Jesum Nazarenum ». Contrarium ergo ex IV capitibus conatur evincere, I quod adulterant in hoc intentionem Jesu Nazareni vel ab ea aberrant, II ex fide eorum, in qua et aberrant ab intentione ej. Jesu, III ex falsitate quae extat in eorum narrationibus et promissis, IV ex defectu intelligentiae ipsius Jesu ac discipulorum ejus, et ex eorum fallaciis erga plebem. Primum probare nititur ex testimoniis Jesu et apostolorum, secundum ex talmudicis locis cum evangelicis collatis de Jesu nostro, quem eundem esse cum talmudico filio Stadae et Pandirae contendit, tertium ex narrationibus variis ac promissis ex evangelica historia depromptis, quae falsitatis impudenter accusat, postremum ex non paucis scripturarum locis, in quibus Jesus vel ejus discipuli erraverint. Fol. 63 subjicitur caput III de adventu Messiae, Jesum nostrum impugnat, objectasque difficultates diluit, proponit quinque prophetias ac. totidem res in Jesu non adimpletas, et explicit, proferens folio 68 ex *Veelle scemòth rabba* decem alias a Deo patrandas in renovatione seculi futuri. Ex fol. 56 eruitur annus, quo auctor scribebat. Notat enim christianos tunc numerare annum 1423, judaeos 5183.

153 * Ejusd. קשת ומגן *Kèsced umaghèn*, *Arcus et clypeus*, 4. sine an. et loco.

Sed Liburni, ut ex judaeorum ore accepi, et ex Azulai testimonio constat supra prolato. Synagogae tamen procerum auctoritate suppressa sunt exempla, et in orientem delata. Binas complectitur partes ex eodem *Maghèn avòth* desumptas, alteram, qua christianos, alteram qua ismaelitas seu turcas impugnat. Prima eadem omnino est cum praecedenti *Expositione*, nisi quod hic plenior ab initio sit, statimque incipiat a cap. IV p. II ms. illius libri, CPolitana vero paullo post, seu linea 20 Liburnensis a verbis הנוצרים עם האמינים quae superius dedimus latine translata. Extant etiam inter utramque variae lectiones non paucae, quae ostendunt ex diversis codicibus esse petitas. In his prior illa accuratior, sed typi detriti, nostra recentior ac nitidior, sed valde mendosa. Fol. 14 verso additur Commentarius nostri in Psal. XIX *Coeli enarrant gloriam Dei* de praestantia divinae legis, fol. 16 occurrit confutatio turcarum, 26 vero appendicis loco subjiciuntur ex eodem *Maghèn avòth* IV alia excerpta antichristiana, contra trinitatem et incarnationem potissimum directa. Sequitur fol. 27 verso filii Salomonis *Milchèmed mitzvà*, de quo supra diximus.

154 Simeonis judaei *Altercatio cum Theophilo christiano* ab Evagrio edita.

V. Martene et Durand *Thesaur. anecd.* T. V. Prodiit ex ms. bibl. Vindocinensis.

155 סוד קץ הגאולה *Sod ketz agheulà*, *Mysterium termini redemptionis*, MS.

Excerptum est ex R. Simeone ben Jochai et R. Jehudà Passi vel Chiug, et ex Daniele adstruere conatur Messiae adventum futurum an. 5230 seu 1470. Ms. extat in Vaticana. V. ej. *Catal.* T. I p. 76 ad cod. 105 num. 10.

156 * Soesman R. Eleazaris *Epistolae ad Eggo Tonkens van Hoevenberg*, hollandice, 8. Amstelod. 1742.

Una cum epistolis ipsius christiani. Plures eae sunt, utrinque datae, et partim simul, partim seorsim editae. Judaei nostri sunt XI. Eae suppressae sunt ac rarissimae. Judaeus idem est cum Eliezer Zosman, qui Zevi *Theriacam judaicam* Amstel. an. 1737 recudit.

T

157 * תלמוד בבלי *Talmud babylonicum* cum *Tosephòth* ac var. *Comm.* fol. 12. voll. Ven. 270, Chr. 1520 et al. edit., et seorsim *Tract. varii* Soncini, Pisauri, CPoli et alibi.

Primariam ac rariorem Bombergii editionem secutae sunt Veneta Justinianaea, Basileensis, Cracoviensis, Lublinensis, Amstelodamenses binae ac totidem Francofurthanae a Wolfio descriptae T. II p. 896 ad 908, quibus Amstelodamensis alia accedit, quam a Josepho Proops curatam vidi ab an. 512 ad 525, seu a 1752 ad 1765, et Vindobonensis quae modo excuditur typis Josephi Hraschantzi ad Amstelodamenses exacta, cujus jam septem vel octo priora volumina prodierunt. In Basileensi tamen Marini Brixiani opera omissa sunt antichristiana loca et integer liber *Avodà zarà*. Tractatus etiam non pauci seorsim multoties excusi. De antiquis horum editionibus, quae sunt reliquis integriores ac potissimum huc faciunt, conferantur *Annales* nostri *sec. XV et Annal. a MDI ad MDXL*. Sunt sane in vastissimo hoc opere multa utilia, quaeque sacras antiquitates, leges, ritus, historiam egregie illustrant, multa quae recentiores judaeos, seu recentiorem eorum theologiam eorumque errores luculenter confutant, multa quae christianam religionem aperte confirmant. Multi etiam sunt auctores qui insignem hunc ac multiplicem Talmudis usum uberrimis exemplis demonstrarunt, nosque ipsi fuse alibi eum ostendimus. V. *Esame delle Riflessioni teol.-crit. contro il libro della vana aspettazione degli ebrei* p. 55 ad 80. At vero non pauca quoque in eo sunt commentitia ac fabulosa, non pauca absurda, non pauca in servatorem nostrum, in ejus matrem sanctissimam, in apostolos, in christianos injuria. Quam notam frustra ab eo avertere conantur judaei ac christiani quidam scriptores, qui contendunt Jesum talmudicum non esse nostrum. Ex prioribus ita Nachmanides, R. Jechiel, R. Lipman, R. Ghedalias ben Jachia, R. David de Pomis, R. Moses Coèn, R. Salomon Zevì, ex posterioribus Galatinus, Micraelius, Gaffarellus, Paul. Riccius, Schickardus. Sed aliter sentiunt scriptores plerique utriusque nationis. Eundem omnino esse fatentur ex judaeis potissimum Aben Ezra, R. Abr. ben Diòr, R. Abr. Peritzol, vel Frissol, R. Abr. Zacutus et alii, et R. Simeon bar Tzemach in eo libello excerpto ex *Maghèn avòth*, quem supra commemoravimus CPoli editum sub titulo *Expositionis fidei christianorum*, Liburni vero sub alio *Arcus et clypei*, fol. 41 prioris editionis, 4 posterioris non modo fatetur sed et illud ex talmudicorum locorum collatione demonstrat. Quod iterum infra confirmat contra R. Jechielem. Nec aliter profecto suadent utriusque notae ac circumstantiae. » Producant nobis, inquit Pfeifferus *Theol. jud.* p. 214, ex historiis alium quemdam Jesum, qui fuerit Nazarenus, vel ita vulgo nuncupatus, filius Mariae, habuerit discipulos, nominatim Matthaeum, Jacobum et Thaddaeum, ipsorum sententia seduxerit populum et sit causa reprobationis judaeorum, suspensus sive crucifixus in vespera paschatis etc., quae omnia in Talmud de *Jesu Hannozrì* dicuntur, et sic excusent talmudicas blasphemias ». Haec Pfeifferus qui in tota exercitatione v illius libri, seu in *Obtrectatore apella* antichristiana haec talmudica loca ac calumnias sat copiose recenset. Quod alii plures ex nostris fecerunt. Atque ut sunt in hisce locis talmudicis nonnulla quae contradicunt Evangelio hinc in Talmude, de cujus fide dubitare sibi nefas est, Evangelium ipsum seu Novum Testamentum refutari et putant et gloriantur judaei. V. Lusitani rabbini *Colloquium Mittelburgense* in Mulleri *Judaismo* pag. 42, vel apud Wolfium cit. T. II pag. 985, qui recte quidem observat si calumniari audacter, convicia torquere, impudenter comminisci, historias et res gestas pervertere, refutare est, praeclare hoc officio defunctos talmudistas, sed minus recte negat recentiora judaeorum scripta in christianos exarata ad Talmud provocare, tamquam in quo alia et veriora quam in evangelica historia occurrant. Provocat enim cit. l. R. Simeon bar Tzemach, et ex Talmudis auctoritate sacros nostros scriptores eorumque narrationes falsitatis accusat.

158 * תפלות *Tephilòth* seu *Preces totius anni varii ritus*, MS.

De minoribus judaicarum precum libris ac compendiis idem dicendum quod de Machazorım supra diximus. Sistunt et illi preces nonnullas, ac praesertim binas illas celeberrimas *Bircàd amminìm* et *Alènu*, quibus Christum et christianos impeti putant scriptores nostri plerique, ac cod. ms. Norimbergensis, bini mei 159 et 1033, ac Jarchius luculentissime confitentur. Eae tamen intactae et integrae frustra quaeruntur in hodiernis editionibus, in quibus verba nobis injuria vel immutata sunt, vel penitus sublata. Antiquiorum sec. XV vel ineuntis XVI vix extant fragmenta, vixque eorum verborum vestigia, vel vacuum illorum spatium exhibent. Ea ergo ex mss. codicibus necessario haurienda, quorum nonnullos bibliothecae variae possident a Wolfio recensitos, nostra vero haec octoginta et amplius.

159 תשובות *Tescuvòth* seu *Responsa XXX contra christianos*, MS.

Constabant foliis sex et extabant in collectione quadam ms. bibliothecae Jablonskianae. V. Wolf. T. IV p. 485. Quae in cod. 126 bibliothecae Uffenbachianae reperiuntur *Tescuvòth* seu *Responsiones ad christianorum contra judaeos argumenta*, eae eaedem sunt cum libro *Nitzachòn*. V. Maii *Catal.* p. 383.

160 * תשובות באנשי און *Tescuvòth*, seu *Responsa ad viros iniquitatis*, MS.

Quater in bibliotheca nostra in cod. 120, 122, 124, et 1269. Quinque sunt haec responsa ad totidem christianorum objecta, et de iis sub peculiari hoc titulo nihil Wolfius, sed eadem videntur cum *Responsis adversus corruptores*, quae mss. extant Tiguri in biblioth. Carolina, teste Hottingero in *Biblioth. orientali* et in *Thes. philol.*, et Wolfio T. II p. 1472. Prima objectio est quod lex mosaica nonnisi bona corporalia promittat, II quod Davidis verba *ante solem nomen ejus* Jesum respiciunt, III quod Isaiae oraculum *ecce virgo concipiet* de Jesu est intelligendum, IV idem de Psalmo *Dixit Dominus Domino meo*, V quod Jesus miracula ejus divinitatem demonstrant.

161 * תולדות ישו *Toledòth Jescù*, *Generationes Jesu* cum lat. versione et confutatione Wagenseilii in *Telis igneis* 4. Altorf. 1681.

» Execrabile scriptum, ut recte notat Wolfius T. II p. 1443, perditissimi judaei nescio cuius, quo ineptae et scurriles, sed malignitatis plenissimae fabulae de sanctissimi servatoris nostri ortu, vita et factis afferuntur ». Per summam enim impudentiam comminiscitur eum ex illegitimo Josephi cujusdam Pandirae ortum concubitu, ac grandaevum factum magiam et ineffabile Dei nomen didicisse, cujus virtute multa patrarit miracula, multosque ad sui fidem ac sequelam pertraxerit, donec tandem sacerdotum ac synedrii consilio Judaeque arte ac fraude captus fuerit suspensus. Quorum futilitas et falsitas patet adeo per se, ut non multum laborandum fuerit Wagenseilio aliisque scriptoribus, qui eorum confutationem susceperunt. » Quisquis legit, inquit Zimmermannus *Opusc. theol. et phil. arg.* T. I P. II p. 78, facile deprehendet non solum omnia ex meris mendaciis esse composita et male cohaerentia, sed et ita comparata, ut nemo nisi stultus iis decipi possit ». Sed inter haec ipsa mendacia elucet mireque favet christianorum religioni et caussae miraculorum veritas tam luculenter testata, quorum » tanta fuit evidentia, ut verbis utar Raymundi Martini in *Pugione fidei* ed. Lips. p. 364, tanta magnitudo et multitudo, tanta excellentia et certitudo, quod judaica pravitas quo erumperet, non habebat. Confugit ergo ad proprium suum quod est mentiri, libellum mendaciis plenum atque blasphemiis turpibus componendo ». Antiquum porro eum esse et a multis retro seculis concinnatum vel ex hoc ipso patet, quod illum sua jam aetate commemoret ac producat hic auctor, quamquam paullo diversum, ut idem Wagenseilius ostendit. Differunt enim inter se codices et exempla sive quoad titulum, sive quoad contextum. Sub nostro hoc communiori titulo extat inter nostros codices mss. sub n. 124, sub altero *Mahassèh Jescù* seu *Historiae Jesu* in 96, sub alterutro vel sub aliis מעשה תולע vel מעשה תלוי *Mahassèh tolàh*, *Mahassèh talùi*, *Historia suspensi* in aliis bibliothecis, ut nihil insulsius, quam id quod notat auctor *Des Recherches philos. sur les americains* T. II p. 196 in Pfeffercornii persecutione postremum hujus libri, quem mendose *Toldos Jescut* appellat, exemplar fuisse concrematum. Nihil etiam insulsius eo quod in *Mêlanges philos.* T. III p. 340 contendit Volterius libellum hunc, quem et ipse sub mendoso eo titulo perpetuo nominat, et fatetur meram esse rabbinicorum somniorum rapsodiam, *un ramas des rêveries rabiniques fort au dessus de mille et une nuit*, non antiquius modo scriptum esse quod judaei ad nos demandarint adversus nostram religionem, sed primo ipso, ut sibi videtur, ecclesiae seculo et ante evangelia ipsa compositum et editum. Multo aliter incredulus alter judicat: » L'auteur vivoit-il y a environ quatre ou cinq-cens ans, quoiqu'il ait tâché de se déguiser le plus qu'il lui a été possible, dans le dessein que son ouvrage passât pour avoir été composé peu de tems après la mort du legislateur des nazaréens.

Cependant on a découvert aisement la supposition du prétendu ms., et les nazaréens loin d'en craindre les suites, ont pris eux-mêmes le soin de le publier. Il n'est rien de si affreux, mon cher Isaac, que les impostures qui sont insérées dans l'ouvrage, dont je viens de te parler. Que nos rabbins soûtiennent avec force que le legislateur des nazaréens ne fût point le Messie, je trouve qu'ils agissent conformement aux principes de leur réligion; mais qu'ils inventent les faussetés les plus atroces, rien ne sauroit les excuser ». Marquis d'Argens *Lettres juives* T. VII p. 159. In quo judicio, cujuscumque aetatis et auctoris sit liber, judaei ipsi doctiores, ut alibi monuimus, conveniunt. Zalman Zevi eum ab apostata in judaeorum odium concinnatum putat, Mendelssohnius esse ex eorum numero *qu'aucun juif raisonnable ne lit, ni ne connoît*, nullusque est ex tot judaeorum auctoribus qui adversus christianam religionem ejusque institutorem scripserunt, qui infami hoc ac vere stygio foetu utatur. V. *Della vana aspettazione degli ebrei* p. 189. Dubitandum porro non est quin noster hic *Toledòth Jescù* sit liber ille *intitulado Mar Mar Jesu, lleno de blasfemias contra nuestro redentor Jesu Christo*, quem in bulla sua XI maji an. 1415 Valentiae data judaeis retinendum vel legendum antipapa Bened. XIII seu Petrus de Luna severe prohibuit. V. Rodriguez de Castro *Bibl. espan.* T. I p. 223.

162 * ס׳ תולדות ישוע הנוצרי. *Sefèr Toledòth Jescùah annotzerì*, *Historia Jeschuae Nazareni*, cum lat. vers. ac confut. Huldrici 8. Lugd. Bat. 1705.

Exemplar ejusdem nequissimi libelli *Toledòth* a praecedenti diversum. Saepe enim, ut in putidissimis commentis usuvenit, discrepant, ut mox diximus, immo et sibi contradicunt hujus furfuris libelli exempla et codices. Quod vel ex ipso eorum exordio instituta ms. nostri codicis cum Wagenseiliano et Huldriciano comparatione, demonstramus ad cod. nostrum 96. Ex fabula de servatore pila ludente et aliis Huldricianus congruit cum *Mahassè tolah* a Wagenseilio commemorato in confut. *Toledòth Jescù* p. 43. Perperam autem qui illum confinxit, ad R. Jochanan ben Zaccai ad calcem retulit. V. Huldrici notas p. 1 et 109, et Wolf. T. II p. 1445. Huldrici editionem tamquam raram notat Engel in *Bibl. sel.* p. 77.

163 * תולדות השלוחים *Toledòth asceluchìm*, *Historiae apostolorum et Pauli Ep. ad Romanos examinatae et refutatae*, MS.

Seu anonymi judaei objecta in Actus apost. et illam Pauli Epistolam ab iis quae extant in R. Isaaci *Chizùk emunà*, diversa.

Ea complectitur cod. noster 1268 et videntur esse R. Jeh. Briel. V. dicta superius ad ejus *Animadversiones in evangelia*.

164 * תוספת *Tosèfeth*, *Additamentum ad Chelimàd agoiìm*, seu *Opprobrium gentium*, MS.

In codicibus nostris 120 et 122. Plura sunt haec additamenta, partim textui subjecta, partim ad marginem. Eorum auctor praefationem ac carmen praemisit, in quo solo הכותב seu *scribentis* nomine se distinguit, sed ex verbis דקול קול יעקב quae utrobique habet, videtur Jacobus quidam fuisse.

165 *Treatise of the future restoration of the jews and israelites to their own land*, seu *Tractatus de futura judaeorum et israelitarum restitutione in propriam terram*, anglice 8. Londini 1747.

Sex constat sectionibus, quibus agitur de futura restitutione XII tribuum, de invasione ac bellis gentium earumque destructione a Deo patranda, de Messiae regno summaque et aeterna judaeorum felicitate.

V

166 ויכוח נגד הנוצרים *Vicùach nèghed annotzerìm*, *Disputatio adversus christianos*, MS.

In Vaticana in cod. 286 num. 9. V. ej. *Catal.* T. I p. 263. Ex prophetis et aliis sacris libris probare nititur adventum Messiae futurum post secundam eversionem templi.

167 ויכוח *Vicuach* seu *Disputatio judaei cum philosopho christiano Coloniensi de incarnatione*, MS.

In bibl. senatoria Lips. inter codd. Wagenseil. n. 17. Wolf. T. II p. 1048 et 1293.

168 ויכוח *Vicuach* seu *Disputatio contra evangelium*, MS.

Qua demonstrare conatur auctor evangelii verba sibi contradicere, aliaque contra idem evang. הקושיות *Objecta* seu *difficultates* proponuntur. Extabat in collectione quadam antichr. apud Jablonskium, quae deinde ad Ungeri manus, postremo ad bibl. senatoriam Lips. pertransiit. V. Wolf. T. IV p. 485. Nostra haec disputatio dicitur descripta a Saul Merari die XXI mensis sivan an. 455, Chr. 1695.

169 ויכוח *Vicuach* seu *Disp. inter judaeum et sacerdotem christianum*, MS.

Olim apud Jablonskium in ea collectione, modo in eadem bibl. senatoria Lipsiensi. Habebat folia 52, ac subjecta pro Dei unitate plura Lactantii, Ciceronis, Platonis, Zenonis, Aristotelis etc. testimonia. In fine sacerdos ille, seu כומר, appellatur don Selvano Tzerer, ut legit Wolfius, vel Ratzi, ut Ungerus in epistola ad la Crozium, diciturque absoluta ab amanuensi die XIX mensis tamuz a. 456, Ch. 1696. V. Wolf. cit. l.

170 ויכוח אמונה *Vicuach emuna*, *Disp. de fide* seu *Miscellanea contra christianorum fidem*, MS.

In bib. Uffenbachiana. V. Maii *Catal.* p. 146 sub cod. 90 folio 11 et 12.

171 ויכוח תשובה למינים *Vicùach tescuvà leminìm*, *Disputatio qua respondetur haereticis* vel *christianis*, MS.

In bibl. Oppenh. V. Wolf. T. II p. 1293.

172 * ויכוח *Vicùach* seu *Disputatio de religione* Ferrariae habita anno 1617, MS.

Inter codices nostros sub num. 344. In titulo dicitur in ea urbe et mense aprili ejus anni publice habita inter auctorem et Alphonsum Caracciolum a soc. J. ex mandato card. Spinolae et ex consensu inquisitoris Scarellae. Disputatum est num teneantur judaei christianorum fidem ac Messiam suscipere, id contendente christiano, negante judaeo... Wolfio ignota.

173 * ויכוח *Vicùach* seu *Disputatio contra divinitatem Jesu*, MS.

Fragm. extat in cod. nostro 170. Pugnat potissimum exemplis. Si is sine patre, sic Adam, si in caelum elatus, sic Elias, si dictus Dei filius, sic israel, si miraculis clarus, sic Elias, Moses, Josue.

174 ויכוחים *Vicuchìm* seu *Disputationes judaei anonymi ad loca controversa N. T.* MS.

Extabant in bib. Guil. Anslarii, in cujus *Catal.* p. 36 recensentur. V. Wolf. T. II p. 1294.

175 Vidal ben Levì קדש קדשים *Kodesc kodascìm*, *Sanctum sanctorum*, MS.

Est contra Hieronymum de sancta fide, seu contra id quod is contra judaeos ac Talmud conscripserat. V. Scabtaeum p. 66, Buxtorfium p 176, Bartoloccium T. II p. 805, et Wolf. T. I p. 354 et 464. Vidi apud judaeos Mutinenses. Perperam ergo illud non extare notat Wolfius posteriore loco. Quod nec ex Scabtaeo colligitur, ad quem appellat.

176 * Usque R. Samuel *Consolacam as tribulacoens de Ysrael*, lusitanice 4. min. Ferrar. an. 5313, Chr. 1553.

Amstelodami recusus in 8. retenta priori aera. Utraque editio rarissima. V. Wolf. T. III p. 1071 et *Comm.* nostrum *hist. de typogr. heb. Ferr.* p. 64. Dialogo III agit de vindictis super Edom seu christianis a Deo sumendis et futura israelis felicitate, easque prophetarum oraculis confirmare conatur. Multa etiam contra nos, ut illic observavimus, contra beatum Vinc. Ferrerium et statutam in Hispania ac Lusitania inquisitionem evomuntur.

177 * Wagenseil Jo. Christoph. *Tela ignea satanae, hoc est arcani et horribiles judaeorum adversus Christum Deum et christianam religionem libri ἀνέκδοτοι. Additae sunt latinae interpretationes et duplex confutatio* 4. Altorfi Noric. 1681.

Libri contenti sunt R. Lipmanni *Carmen memoriale*, *Liber. Nizzachòn. vetus*, *Disputa-*

tio R. Jechielis, *Disputatio* Nachmanidis, R. Isaaci *Chizùk emunà*, et *Toledòth Jescù*, de quibus singulis sub eorum auctoribus vel titulis agimus. Collectio in hoc genere insignissima, christianis theologis adversus judaeos disputaturis summopere necessaria ac commendanda. De ea *Acta erud.* ad annum 1682, Carpzov. *Introd. in theol. jud.* c. XI, Fabric. *Hist. suae bibl.* T. V p. 348 et alii, de ejus raritate Osmont *Dict. typ.* T. II p. 342 et de Bure *Bibliogr. instr.* T. I p. 503.

Z

178 * Zevi R. Zelman seu Salom. צרי היהודים *Tzorì ajeudìm*, *Theriaca judaica*, judaeo-teutonice 4. Hanov. 375, Chr. 1615, et Altorfi 1680, in 8. Amstel. 497, Chr. 1737. Sunt apud nos binae posteriores editiones, quarum altera Wulferi cura prodiit, altera Eliezeris Zosmanni filii Isaaci Rodelsomi in domo R. Mosis Francforthi. In hac non modo abbreviata est auctoris praefatio, sed et contextus non parum immutatus, potissimum quoad dialectum, cui communiorem et magis popularem R. Aaron filius Isaaci substituit. Liber septem constat capitibus, refutaturque in eo Samuelis Friderici Brentii *Judischer abgestreiffter schlangelbalg*, *Judaica leberis detracta seu solida detectio et depulsio omnium conviciorum et mendaciorum*,

quibus judaei in Christum et christianos utuntur, quae praecedenti anno 1614 Norimbergae lucem adspexerat. V. Wolf. T. I p. 358 et 1116. Patet autem ex cap. VII auctorem nostrum, ut christianis ac judaeis satisfaceret, utrisque litteris, germanicis et rabbinicis, librum suum edidisse.

179 * Idem liber latine ex *Versione* et cum *Animadvers.* Wulferi 4. Norimb. 1681. Sub titulo *Theriacae judaicae ad examen revocatae*. Praemissus germanicus uterque Brentii ac Zevi liber, sed posterior rabbinicis litteris et Altorfi, ut diximus, recusus. Latinae cujusque capitis versioni fusae subjiciuntur et eruditae Wulferi notae et animadversiones, in quibus judaei responsa et objecta perstringit ac saepe mendacii redarguit. Librum alium in hoc suo multoties Zevi noster commemorat, a se compositum לנוצרים, qui ad antichristianos et ipse esset referendus, si verbum hoc verti deberet *contra christianos*, ut malunt Schoëtgenius et Wolfius T. III p. 245. Sed fallitur uterque. Vertendum *christianis*, *ad christianos*. Neque enim illic adversus christianos agit, sed in suorum apologiam ac defensionem christianis ostendit apostatas judaeos saepe eis imposuisse, multaque de suis propinasse falsa et absurda.

ADDENDA

180 * Abraam Gher seu Proselyti *Forteza del hebraismo e confusion del estraneo*, ital. MS.

Inedita et ignota versio italica hispanici operis hujus auctoris, quod supra sub n. 2 retulimus, sero ad manus nostras delata.

181 * Athiae R. Isaaci *Fortificascion de la ffee*, *Munimen fidei*, hispan. MS.

Est hispanica translatio libri *Chizùk emunà*, de qua diximus sub n. 17 pag. 19. Hunc titulum exhibet exemplar quod nuper sumus consecuti. In fronte dicitur *traduzido de hebrayco en romanse por Ishack Atias anno* 5381, seu 1621, sed hoc infra subjecto ut non tam versionis is esse videatur quam codicis. In locis non paucis ab utraque editione dissidet, Altorfina et Amstelodamensi.

182 * *Perguntas* seu *Preguntas contra os adversarios*, *Quaestiones contra adversarios* seu christianos, lusitanice MS.

Extant in bibl. nostra tamquam appendicis ac II partis loco ad calc. superioris codicis Isaaci Athiae. Eae sunt numero ducentae, omnes contra N. T., nec notae, nisi easdem esse conjicias cum iis quas ut hispanicas et a Masio lectas ms. Rudolphi Capelli nota commemorat. V. Wolf. T. II p. 1051.

LIBRI STAMPATI

DI

LETTERATURA SACRA

EBRAICA ED ORIENTALE

DELLA

BIBLIOTECA

DEL DOTTORE

G. BERNARDO DE-ROSSI

PROFESSORE DI LING. ORIENTALI

DIVISI PER CLASSI

E CON NOTE.

PARMA

DALLA STAMPERIA IMPERIALE

1812.

AGLI ERUDITI BIBLIOFILI
E BIBLIOGRAFI

GIAMBERNARDO DE-ROSSI.

Del mio gabinetto io non pubblicai ott'anni fa, che il Catalogo ragionato de' manoscritti, i quali ne erano la parte piu preziosa e più interessante, credendo, come avvertii nelle Memorie storiche de' miei studj, che per rapporto ai libri stampati, o alle più illustri loro classi le varie mie opere ne potessero tener luogo. Di fatti il quadro che presenta il libro dell'Origine della tipografia ebraica, e gli Annali ebreo-tipografici del secolo XV della collezione unica che possedo, dei quattrocentisti ebraici e degli esemplari membranacei che la fregiano, non può essere più luminoso, e non è men vantaggioso quello che offrono gli Annali del 1501 al 1540, delle edizioni di quest' epoca, tra le quali molte ve n'hanno fatte in CPoli od in Levante. L'Apparato ebreo-biblico, il Libro delle sconosciute ed antiche edizioni del sag o Testo, l'Appendice alla Biblioteca sacr del Masch, il Saggio del Codice di Pio VI, l'Opera delle Varianti, gli Scolj critici ne' Libri dell'antico Testamento, fanno bastantemente fede al pubblico della ricchezza delle Bibbie de' testi originali, la quale supera la Lorckiana stessa, creduta la più doviziosa d'Europa, e del corredo straordinario di libri di sacra critica, o che tendono ad illustrarle, tra i quali una quantità grande di rarissime dissertazioni ed opere oltramontane. Può dirsi altrettanto della Biblioteca giudaica anticristiana relativamente alla serie singolare de' libri tanto gelosi di questa classe, e di parecchie altre opere riguardo ai libri d'altre materie. Ma sendo venuto il caso di dovere per l'avvanzata mia età disfarmi dell'intero gabinetto, trovo indispensabile di distenderne un piccol catalogo, che riunisca tutti que' libri e tutte quelle classi in un punto di vista, che comprenda le classi di que' che non vi eran indicati, e che ne accompagni i principali e i piu rari con alcune note, le quali ne tocchino di volo la rarità, e la confermino coll'autorità de' bibliografi, e richiamino quelle mie opere, ove non solo i varj gradi della loro rarità e il loro pregio sono più pienamente esposti, ma i libri stessi più diffusamente descritti ed illustrati. Questo è il mio scopo. Non occorre ch'io avverta che sendo state le prime mie mire rivolte ai codici mss. e alle edizioni antiche, limitai quelle de' libri stampati o moderni al solo uso e bisogno che richiedevano i letterarj miei impegni, che molti ne consultai nelle biblioteche pubbliche, e che parecchi ne cedetti o cambiai, a misura che que' letterarj impegni, e il loro uso e bisogno cessavano. Do in fine a parte le edizioni del XV secolo, le membranacee, e i mss. ebraici acquistati dopo la pubblicazione del Catalogo; e perchè si abbia una giusta idea dello stato dell'intera biblioteca, mi fo un dovere e un pregio di sottoporne ed inserirne qui un piccol prospetto, e il prospetto stesso che ne presento al pubblico.

PROSPETTO
DEL GABINETTO
DI MANOSCRITTI E LIBRI STAMPATI

DEL DOTTORE

GIAMBERNARDO DE-ROSSI

PROF. IN PARMA DI LINGUE OR.

Forzato dall'avvanzata mia età a dover privarmi del mio gabinetto di mss. e libri stampati, io mi do l'onore di prevenirne il pubblico e di presentargliene un piccol quadro. Io non parlerò del suo pregio. Parlano bastantemente a suo favore il nome e la celebrità che ha ottenuta in Europa, gli elogj che ne fanno i primarj letterati, come di un gabinetto unico nel suo genere e degno di un sovrano, gli inviti di molte corti, che me lo hanno ricercato, le varie mie opere che lo descrivono e lo illustrano, e l'esposizione stessa la più semplice e la più naturale del suo contenuto.

I manoscritti che comprende, sono mille seicento ventiquattro, d'ogni facoltà e di varie lingue, scelti ed importanti. Gli ebraici soli sono mille quattro cento e trenta, e cento novanta quattro quelli delle altre lingue orientali ed europee. Più di mille e cento sono i membranacei, in gran numero i superbi, i miniati, gli antichi, gli inediti, i rari, gli sconosciuti, gli unici, alcuni originali. Le opere inedite oltrepassano le ottocento.

La collezione degli ebraici è unica e la più ricca d'Europa, e tale e tanta è la sua ricchezza, che si contano sino i sessanta, i settanta, gli ottanta diversi manoscritti e opere di ciascheduno degli autori più classici e più celebri, e moltissimi di questi tali autori, di cui le più ricche biblioteche pubbliche non ne possedono veruno.

Ugualmente unica è tra gli ebraici e la più copiosa che esista, quella de' biblici, o de' puri testi originali della sacra Scrittura, che ascendono a più di settecento. Essa riscosse l'universale ammirazione, e forma il fondo della nuova mia collazione stampata. Nella serie de' mss. delle altre lingue distinguonsi molti classici, e molti che per le loro miniature, antichità e rarità sono preziosi

Nell'ordine dei libri stampati meritano un'attenzione particolare le due collezioni delle edizioni ebraiche del xv secolo e del principio del xvi, le quali tengon luogo di manoscritti, e ne formano come un seguito, e sono tanto rare, e anche più rare dei manoscritti medesimi.

Queste due collezioni sono anch'esse uniche, e illustrate amendue da me negli Annali ebreo-tipografici di que'due secoli. La prima è ancora più preziosa pei molti esemplari membranacei che contiene, di sommo valore, e pel gran numero di sconosciute edizioni, le quali sono di una rarità estrema; e la seconda per la quantità grande d'edizioni fatte in Constantinopoli od in Levante, ed in altre città, le quali in rarità e pregio non cedono alle antecedenti.

Quella delle Bibbie ebraiche, o de' testi originali stampati, che arrivano a più di quattrocento, non è men pregiata per la sceltezza e rarità delle edizioni, e dèe essere considerata per la più ricca, la più scelta, la più rara che v'abbia in questa materia. Essa è accompagnata da un'altra assai copiosa di libri di sacra critica, e da molte altre classi di letteratura sacra, ebraica ed orientale, le quali sono piene di cose rare ed oltramontane.

Tale è lo stato di questo mio gabinetto che mi costa quarant'anni di ricerche, di fatiche e di immense spese per riunirlo. Due cataloghi, uno ragionato de' manoscritti in tre volumi che si è pubblicato infin dal 1803 e 1804, ed un altro compendiato de' libri stampati con note sugli articoli più rari econ un appendice dei manoscritti acquistati dopo che contemporaneamente si stampa, danno una minuta descrizione ed informazione di tutti i capi che lo compongono. Se sene vorranno degli schiarimenti maggiori, io son pronto a darli, e pronto ad accordare a chi ne desidererà l'acquisto, le più vantaggiose condizioni, prevenendolo però che non sendo io in caso per la mia età, pei miei incomodi e per l'indebolimento della mia vista di sostenere verun carteggio, egli dèe aver la degnazione di deputare chi veda ed esamini il gabinetto stesso, e ne tratti sul posto.

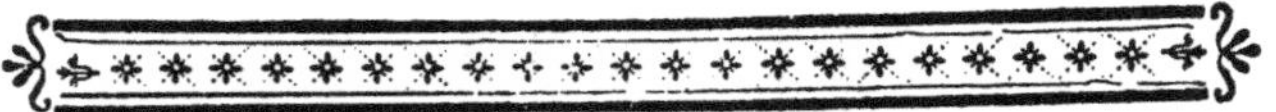

LIBRI STAMPATI

DI LETTERATURA SACRA, EBRAICA ED ORIENTALE

DELLA BIBLIOTECA

DEL DOTTORE

G. BERNARDO DE-ROSSI.

I

BIBBIE POLIGLOTTE.

BIBLIA polyglotta Philippi II in fol. 8 voll. Antverpiae an. 1569-1572.

Magnifica e rara. V. il Simonio *Hist. crit. du V. T.* p. 518, lo Schelhornio *Amoen. litt.* T. II p. 398, il Vogt, il Clement, il de Bure, il Crevenna *Catal. rais.* e il Masch *Biblioth. sacr.* T. I p. 349.

BIBLIA polyglotta Vatabli fol. 4 voll. Heidelbergae 1586.

Anch'essa rara. V. il Masch cit. loco pag. 385.

BIBLIA polyglotta Waltoni cum proleg. et Castelli Lexico eptaglotto in fol. 8 voll. Londini 1657.

PENTATEUCHUS polygl. heb. chald. arab. pers. cum comm. Jarchì fol. min. CPoli 1546.

Di estrema rarità. V. il Lambecio *Com. Biblio. Vindob.* T. I p. 114, il Wolfio *Bibliot. heb.* T. II p. 943, il Biornsthall *Lettera al Fabricy*, l'Adler *Viaggio bibl. di Roma* p. 221, il Masch T. I pag. 394, il mio *Saggio del codice di Pio VI* pag. 222, e il *Dizionario degli autori ebr.* T. II pag. 108. Mancante del titolo, e mal conservato.

PENTATEUCHUS polygl. hebr. ch. hisp. graec. barb. cum com. Jarchì fol. CPoli 1547.

Sommamente raro. V. tra gli altri il Wolfio c. l., e T. IV p. 1219, e oltre alle *Varianti* il mio *Apparato bibl.* p. 60. Esemplare intero e ben tenuto.

GENESIS IV priora capita polyglot. sub tit. Palaestrae linguar. or. ab Othone edita 4. Francof. ad M. 1702.

JOSUE polyglottus heb. gr. lat. ex 2 transl. cum com. Masii, fol. Antv. 1574.

Rarissimo. V. il Vogt, il Masch e i miei *Scolj critici* pag. XI.

ISAIAS polygl. hebr.gr.lat. ex ed. Munsteri 4. Basil. sine anno.

JONAS polyg. hebr. ch. gr. lat., 12. Basil. 1524.

PSALTERIUM octaplum Justiniani, fol. Genuae 1516.

PSALT. polygl. complutense, fol. an. 1517.

PSALT. polygl. Potkenii, in fol. Colon. 1518.

Della rarità grande di questo Salterio V. lo Schelhornio *Amoen. litt.* T. 11 p. 24, il Vogt *Catal. lib. rar.* p 558, i miei *Scolj crit.* p. XII, e gli *Annali del* 1501 al 1540 p. 16.

PSALT. polyglott., Basileae fol. an. 1518.

Quest'anno è dell'ediz. delle *Opere* di S. Girol., a cui serve di Append., come il seguente, e quello del 1531. Ma l'anno del Salterio è il 1516. V. i miei *Scolj crit.* p. 1.

PSALT. polyglottum in fol. Lugduni 1530.

PSALT. polygl. 8. ib. 1530.

PSALT. polyglottum in fol. ibid. 1531.

PSALT. polyglot. in 8. Basileae 1549.

PSALT. polygl. Hutteri in 8. Norimberg. 1602.

Tutte le precedenti undici edizioni sono rare assai.

PSALMUS I polygl. seu Specimen ineditae versionis syro-estrangel. cum syr-simpl. et graeco et heb. collatae cum lat. vers. et diatriba de cod. Ambros. a De-Rossi editum 4. maj. Parmae 1778.

CANTICUM canticorum heb. chald. hispan. 12. Ven. 1655.

CANT. cantic. heb. chal. hisp. 12. Ven. 1664.

La traduz. spagn. è in amendue in caratt. ebraici, e sono amendue assai rari.

THRENI Jeremiae polyglotti 8. Basil. 1552.

Rariss. V. gli *Scolj crit.* pag. XIII.

ORATIO dominica polyglot. a Chamberlaino edita cum variis dissertationibus var. auct. 4. Amstel. 1715.

Essa si è fatta molto rara, e il mio esemplare è ancora più raro e più prezioso pei molti supplimenti mss. che presenta.

II

BIBBIE EBRAICHE.

BIBLIA hebraica in fol. Soncini 3 voll. an. 1488.

Prima e rarissima edizione, di cui a lungo parlo in molte mie opere, ma specialmente negli *Annali ebreo-tip. del sec. XV.* p. 54. Il primo foglio supplito a mano.

BIBLIA hebraica in 4. min. Brixiae 1494.

Molto più rara di quella di Soncino. V. i suddetti miei *Annali del XV secolo* p. 99. e seguenti, e i molti autori ivi accennati, che ne decantano l'estrema sua rarità. L'esemplare è conservatissimo, e il Pent. è del 1493.

BIBLIA hebr. sine an. et loco, sed Neapoli circa an. 1491, vel 1492.

Più rara delle due precedenti. V. il mio libro *De heb. typ. orig.* p. 60, e gli *Annali del XV sec.* p. 139. Esemplare unico perfetto dei tre superstiti e conosciuti in Europa, membranaceo, nitidissimo, di sommissimo pregio e valore.

BIBLIA hebr. fol. Pisauri an. 1511-1517.

Di uguale estrema rarità dell'antecedente, ma molto mancante. V. oltre il mio *Apparato* e le *Varianti* gli *Annali ebreo-tip. del* 1501 *al* 1540 p. 13 e il Masch T. I pag. 13.

BIBLIA hebraica Bombergii cum Targ. ac var. commentariis in fol. 2 voll. Ven. 1517.

Tutte le bombergiane sono rare, come nota il Carpzovio *Critica sacra* p. 427, ma più rare di tutte sono queste due prime. Io ne ho parlato in molte opere. V. l'*Apparato* p 57, le *Varianti* T. I p. CXL, l'*Append. alla Bibliot. del Masch*, gli *Scolj critici* p. X, gli *Annali del* 1501 *al* 1540 p. 15, e il *Dizionario degli autori ebr.* T. I p. 68.

BIBLIA hebraica Bombergii 4. Ven. 1521.

Il Pentat. è del 1525.

BIBLIA hebr. Bombergii cum masora, Targ. ac var. comm. in fol. 4. voll. Ven. 1524-1525.

Prima masoretica e rarissima edizione. V. il Clement *Biblio. cur. des liv. rar.* T. IV p. 31, il Masch. T. I p. 100, e oltre all'*Apparato* e alle *Varianti* i miei *Annali del* 1501 p. 27, il *Dizion. degli aut. ebrei* T. 1 p. 70, e il *Comp. di critica sacra* p. 10.

BIBLIA hebr. Bombergii 4. Ven. 1533.

I Profeti e gli Agiografi sono del 1528.

BIBLIA hebr. cum lat. vers. ac not. Munsteri in fol. 2. voll. Basil. 1534.

BIBLIA hebraica Munsteri 4. Basil. 1536.

Le tre Bib Munsteriane, e le varie parti da lui stampate sono tutte rare.

BIBL. heb. Roberti Stephani in 4. 6 voll. Parisiis 1539-1544.

BIBLIA hebr. Rob. Steph. in 16. 8 voll. Parisiis 1544.

Amendue rarissime. V. tra gli altri il Clement T. IV p. 32, il Carpzovio c. l. il Masch T. 1 p. 24 e 27, e della prima i miei *Annali* p. 40. I due esemplari sono nitidissimi, e il secondo superbissimo.

BIBLIA hebr. Veneta 4. 1544.

Pregiata e rara edizione, a cui livellò il Lenzano le critiche sue note.

BIBLIA hebr. et latina Munsteri fol. 2 voll. Basil. 1546.

BIBLIA hebr. Justiniani 4. Ven. 1551.

Prima delle Giustiniane e più rara delle altre.

BIBLIA hebr. Justiniani 4. Ven. 1563.

BIBLIA hebr. Plantini 8. 2 voll. Antverp. 1566.

Tutte le plantiniane sono rare. Questa è la prima e una delle più belle e più rare.

BIBLIA hebr. Veneta 4. 1566.

BIBLIA hebr. Ven. cum Targ. et var. comm. fol. 4 voll. 1568.

BIBLIA hebraica Veneta 4. 2 voll. 1570.

BIBLIA hebr. seu Prophetae priores 8. Ven. 1572.

BIBLIA hebr. Plantini sine punctis 16. 4 voll. Antv. 1573.

BIBLIA hebr. Veneta, seu Prophetae posteriores et Agiographa 4. 1582.

BIBLIA hebr. Hutteri in fol. 2 voll. Hamb. 1587, sed sub novo tit. Coloniae 1603.

BIBLIA hebraica Vittemberg. Cratonis in 4. 1587.

BIBLIA hebraica Hartmann. 4. Francof. ad Oder. 1595.

Quella del Huttero ha qualche grado di rarità, ma le due precedenti sono più rare, e in generale tutte le edizioni del XVI secolo sono rare.

BIBLIA hebr. Raphelen. sine punctis 12 Leidae 1610.

BIBLIA hebr. Ven. 4. 1613.

BIBLIA hebr. Ven. 12. 1615.

BIBLIA hebr. Genev. 4. 1618.

BIBLIA hebraica Genevensia 12. 6 voll. 1618.

BIBLIA hebr. Ven. 4. 1627.

BIBLIA hebr. ex typ. Menassè ben Israel sine punct. 4. min. Amstel. 1630.

BIBLIA hebr. Menassè ben Isr. in 4. Amst. 1635.

Bella accurata e rara edizione. V. il Masch T. I p. 41. Le Bibbie e parti d'esse ebr. o spagnuole del Menassè b. Israel, e tutte le sue opere sono rare.

BIBLIA hebraica Veneta 12. 8 voll. 1635.

BIBLIA hebraica Lombrosi et cum ejus comm. 4. 2 voll. Ven. 1639.

Pregiatissima e rariss. edizione. V. il Carpovio *Animad. crit.* p. 11, le mie *Varianti* T. I p. CXLII, e il *Dizion. degli aut. ebr.* T. II p. 12.

BIBLIA hebraica Janssonii 8. Amst. 1639.

Singolare e molto rara.

BIBLIA hebr. Ven. cum com. Jarchì 4. 1647.

BIBLIA hebraica Nisseli 8. Leidae 1662.

Singolare e rara. V. le *Varianti* T. I p. CXLIII.

BIBLIA hebr. Athiae 8. Amstel. 1667.

La seconda delle atiane, che procurò all'Atia per la sua correzione l'onore dagli stati di una catena d'oro.

BIBLIA hebr. Clodii 8. Francofurti ad M. 1677.

BIBLIA hebr. Ven. 4. 1678.

BIBLIA hebr. Ven. 4. 1690.

Io ho già notato nelle *Varianti* T. I p. CXLII che tutte le edizioni Venete della Bibbia del XVI e XVII secolo sono rare.

BIBLIA hebr. Jablonskii 4. 2 voll. Berolini 1699.

Assai stimata e rara. V. il Reimanno *Catal.* P. I p. 233, il Majo *Pref. alla Bibbia*, e le mie *Varianti* T. I p. CXLIII. L'esemplare è con amplissimo margine.

BIBLIA hebr. sine punctis 8. Amstel. 1701.

BIBLIA hebr. Vander Hoogth 8. 2 voll. Amstel. 1705.

Celebre e accuratissima edizione, che è presa per norma dai critici, e si è fatta molto rara. V. le *Varianti* c. l. p. CXLIII.

BIBLIA hebr. Torresii 12. 4 voll. Amstel. 1705.

Esatta e molto accreditata presso gli ebrei.

BIBLIA hebr. Opitii 4. Kilonii 1709.

Una delle migliori edizioni.

BIBLIA hebr. Jablonskii 12. 2 voll. Berolini 1711, 1712 cum novo tit. 1762.

BIBLIA. hebr. Maii 8. maj. Francof. ad M. 1712.

BIBLIA heb. Maii et Burcklini 4. Francof. ad M. 1716.

Anteposta dai dotti alla clodiana.

BIBLIA hebr. Michaelis cum notis ac variis lectionibus in f. 2 voll. Halae Magdeb. 1720.

Con grandissimo margine. Ottima edizione che pei fonti impiegati supera tutte le antecedenti.

BIBLIA hebraica Proopsii 8. maj. Amstel. 1725.

Biblia hebraica Veneta cum Grammat. 4. maj. 1730.

Biblia hebr. Reinecii in 4. Lipsiae 1739.

Biblia hebraica Veneta cum Gram, ac not. 4. maj. 1739.

Biblia hebr. Norzii cum ej. comm. critico Minchàd scai 4. maj. 2 voll. Mantuae 1742.

Di grande uso critico e assai stimata. V. le mie *Varianti*. T. I. p. CXLIV e il fresco *Comp. di critica sacra* p. 13, 36.

Biblia hebraica Veneta 8. 2 voll. 1743.

Biblia hebr. Forsteri sine punctis 4. 2 voll. Oxonii 1750.

Biblia hebr. Simonis in 8. 2 voll. Amstel. 1752.

Biblia hebr. Reinecii in 8. 2 voll. Lipsiae 1756.

Biblia hebr. Veneta in 8. 2 voll. 1766.

Biblia hebr. Kennicot. cum ej. Dissert. generali ac variis lectionibus fol. max. 2 voll. Oxonii 1776-1780.

Celebre edizione pel confronto che presenta di una infinità di mss. e di molti altri fonti. V. le *Varianti* ne' *Prolegomeni* c. I., e il Masch T. I. p. 61. Essa offre anche il testo samaritano, e le sue differenze dall'ebreo.

Biblia hebr. Pisana in 8. 2 voll. 1781.

Biblia hebr. Liburni, seu Prophetae et Agiographa cum com. 8. 2 voll. 1780-1782.

Biblia hebr. Doederlein et Meisner cum variis lection. ex ingenti codicum copia a Kennicotto ac De-Rossi collat. in 8. 2 voll. Lipsiae 1793.

V. di essa i miei *Scolj critici* p. XI.

III

PENTATEUCHI EBRAICI.

Pentateuchus hebraic. cum chald. paraphrasi ac com. Jarchì in fol. Bononiae 1482.

Esemplare membranaceo e prima edizione sommamente rara, di cui parlo a lungo ne' miei *Annali ebreo-tip. del sec. XV* p. 22.

Pent. hebr. cum chald. paraphr. ac com. Jarchì fol. Bonon. 1482.

Altro esemplare cartaceo unico e di estrema rarità, sendo gli altri conosciuti tutti membranacei. V. gli *Annali* p. 27. Ma mal conservato.

Pent. heb. sine punctis cum chald. paraphr. et com. Jarchì fol. min. Iscar, seu Sorae 1490.

Più raro di quello di Bologna e di Lisbona. V. i suddetti *Annali* p. 73.

Pent. hebr. cum ch. paraphr. et com. Jarchì fol min. vel 4. maj. 2 voll. Ulyssipone 1491.

Superbo esemplare membranaceo di una edizione, la cui rarità ed estrema bellezza è universalmente riconosciuta dai dotti. V. tra le altre opere i miei *Annali del XV sec.* p. 81.

Pent. hebr. cum chald. Paraphr. et com. Jarchì fol. min. vel 4. maj. Ulyssip. 1491.

Cartaceo di una rarità assai maggiore de' membranacei, e unico, o quasi unico, ma mancante nel II vol. di uno, o due fogli. V. gli *Annali* p. 62.

Pent. hebr. cum com. Jarchì, 5 voluminibus sacris dictis Meghillòt seu Cant., Ruth, Threnis, Eccl., Esther, Aphtaroth seu sect. Proph. et vol. Antiochi 4. maj. Neapoli 1491.

Di estrema rarità. V. i sudd. *Annali* p. 82. Esemplare membr., ma mancante.

PENT. hebr. cum Meghillòth et Aphtaròth 8. Brixiae 1492.

Anch'esso di estrema rarità. V. gli *Annali* p. 88. Esemplare membr.

PENT. hebr. cum v Megh. et Apht. 8. Brixiae 1493.

Di ugual rarità de' due precedenti. V. gli *Annali* p. 96. Esemplare membranaceo, imperfetto in principio di molti fogli.

PENT. hebr. sine punctis cum v Megh et Apht. 4. sine an. et loco sec. XV.

Verso il 1490-1495 e in Iscar, o Sora. Di gran rarità e uso critico. V. il mio *Apparato bibl.* p. 53, le *Varianti* T. I p. CXLV, gli *Annali del sec. XV* p. 143. Esemplare membranaceo, ma mancante in fine.

PENT. hebr. cum Targ. et com. Jarchì in fol. sine an. et l. 2 vol.

Di sconosciuta ed estremamente rara edizione, che pare fatta in Saionichi sul princ. del XVI secolo. V. l'*Apparato* e le *Varianti* c. l., e gli *Annali del XV sec.* p. 150, e del 1501 p. 45. Esemplare membranaceo con qualche foglio supplito a mano.

PENT. hebr. cum Megh. et Apht. fol. sec. XVI ineuntis.

Di carattere tedesco, e come pare, di Praga. Estremamente raro, ma imperfetto. V. *De ignotis edit.* p. 23, e gli *Annali del* 1501 p. 46.

PENT. hebr. cum Targ., v Megh., Apht., variis com. et vol. Antiochi fol. vel 4. maj. CPoli 1505.

Niente di piu raro e di più prezioso di queste prime edizioni fatte in CPoli od in Levante. Questa era totalmente sconosciuta. V. *De ignotis edit.* p. 91, le *Varianti* c. l., gli *Annali del* 1501 p. 1, e il Masch T. 1 p. 123.

PENT. hebr. cum Targ. et duobus com. Jarchì et Nachmanidis fol. Thessalonic. 1520.

Unico o quasi unico esemplare. V. l'*Apparato bibl.* p 60, le *Varianti* e i cit. *Ann.* p. 21 e il Masch T. 1 p. 122.

PENT. hebr. cum Targ. v Megh. et Apht. ac variis com. fol. max. CPoli 1522.

Non ne son conosciuti che due esemplari estremamente rari, il mio e quello dell'Oppenheimero, e l'edizione stessa è affatto ignota. V. le citate mie opere, e il Masch T. 1 p. 119.

PENT. hebr. cum Targ. et com. Jarchì et Manòach in fol. Ven. 1524.

PENT. hebr. cum Targ. v Megh. et Aphtar. 8. Ven. 1527.

PENT. hebr. cum v Megh. ac not. in 4. min. Ven. 1547.

PENT hebr. cum v Megh. et Apht. 4. Ven. 1548.

PENT. heb. cum v Megh. et Apht. 8. Ven. 1543 vel 1548.

PENT. hebr. cum v Megh. et lat. vers. 4. Ven. 1551.

Non solo le sei precedenti, ma tutte le seguenti edizioni venete bibliche di questo secolo, e del XVII sono rare, e dirò anche rarissime, e molte sconosciute ai bibliografi.

PENT. hebr. sine punctis cum v Megh. et Apht. in 4. Ferrariae 1555

Ignota e rarissima edizione da me scoperta e descritta nel libro *Della tipografia ebr. ferrarese* p. 33 e 46.

PENT. hebr. sine punctis 16. Sabionetae sine an. circa 1553-1555.

PENT. hebraic. cum Targ. v Megh. et Apht. in 12. Sabio netae 1557.

PENT. hebr. cum Targum in 12. Sabionetae 1557.

Esemplare membranaceo.

PENT. hebr. cum v Megh. et Apht. 12. Sabionetae 1558.

Esempl. membran.. Tutte queste edizioni di Sabioneta sono tutte assai rare e pregiate. V. i miei *Annali ebreo-tip.* di quella città. Ma la più rara e la più singolare per l'uso critico è quella prima senza punti.

PENT. hebr. cum Targum v Megh. et Apht. 12. Ven. 1567.

PENT. hebraic. sine punctis cum v Megh. et Apht. in 16. sine titulo, sed Ven. 1574.

PENT. hebraic. sine punctis cum v Megh. et Apht. charact. rabb. in 16. Ven. 1588.

PENT. id. in 16. Ven. 1588.

Altro esemplare in membrana.

PENT. hebr. cum v Megh. Apht. et com. Jarchì in 12. Mantuae 1589-1590.

PENT. hebr. cum Targum v Megh. Apht. 12. Ven. 1597.

PENT. hebr. cum v Megh. et Apht. in 8. Ven. 1606.

PENT. hebr. cum Targum v Megh. et Apht. 8. Ven. 1606.

PENT. hebr. cum v Megh. et Aphtaroth 12. Amstelodami 1697.

PENT. hebr. cum v Megh. Apht. et com. Jarchì 12. Amstel 1700.

PENT. hebr. cum v Megh. et Apht. 12. Amstel. 1701.

PENT. hebr. ex opt. codicibus cura Michaelis 8. Halae Magdeb. 1710.

PENT. hebr. cum v Megh. et Apht. 12. Amstel. 1712.

PENT. hebr. cum v Megh. et Apht. 8. Ven. 1714.

PENT. hebr. cum v Megh. et Apht. 12. Sulsbaci 1726.

PENT. hebr. cum v Megh. Apht. Targ. et com. Jarchì 8. Dyrenfurthi 1729.

PENT. hebr. cum v Megh. Apht. in 4. Ven. 1741.

PENT. hebr. cum v Megh. et Apht. 4. Mantuae 1742.

PENT. hebr. cum v Megh. Apht. Targ. et com. Jarchì 4. Ven. 1753.

PENT. hebr. cum Aphtar. in 16. 5 voll. Ven. 1755.

PENT. hebr. cum v Megh. et Apht. 12. Amstel. 1756.

PENT. hebr. sine punctis in 12. Sulsbaci 1768.

PENT. hebr. cum Targum v Megh. et Apht. 4. Ven. 1776.

PENT. hebr. cum Targum v Megh. et Apht. et com. Jarchì 4. Ven. 1776.

PENT. hebr. cum v Megh. et Aphtaroth in 8. Venet. 1777.

PENT. hebr. cum v Megh. et Apht. in 8. Pisis 1781.

PENT. heb. seu Genesis cum vers germanica Mendelsohnii ac com. in 8. Berolini 1781.

PENT. ejusd. specimen cum praef. Sal. Dubnensis et Kinà heb. germ. in 8. Amstelodami 1778.

PENT. hebr. 8. maj. Mantuae an. 1783-1785.

PENT. hebr. sectiones sabbathi in 16. Ven. 1573.

GENESIS liber hebraice 4. Paris. 1535.

GENESIS hebr. 8. maj. Witteb. 1586.

GENESIS hebr. 4. Cothenis 1622.

Queste tre edizioni sono tutte e tre rarissime.

GENESIS hebr. 8. maj. Berolini sine anno.

GENESIS heb. cum Apht. 4. Florent. 1754.

GENESIS IV priora capita hebr. aere incisa 4. Hamburgi sine anno.

Rarissimo come tutte le edizioni incise.

GEN. Excerpta, seu Historia Josephi et Sapientiae laudes ex Prov. V. De-Rossi Anthologia heb.

EXODUS heb. 4. Paris. 1536.

Assai raro come il Genesi.

DEUTERONOMIUM heb. cum Psalmis in 8. Ven. 1756.

IV

PROFETI PRIMI, E POSTERIORI EBRAICI.

PROPHETAE priores Josue, Judices, Libri Samuelis ac Regum hebr. cum com. Kimchi fol. Soncini 1485.

Primaria e rarissima edizione. V. i miei *Annali eb. tip. del sec. XV* p. 40.

PROPHETAE priores heb. cum Targ. et comm. Kimchì ac Gersonidis fol. Leiriae 1494.

Quasi unico esempl. che esista. V. i suddetti *Annali* p. 104.

PROPHETAE priores heb. cum com. Kimchì in fol. Pisauri 1511.

PROPHETAE priores heb. cum com. Abrabanelis in fol. sine anno et loco, sed Pisauri circa 1511, vel 1512.

Queste due edizioni, come le altre tutte di Pesaro, sono rarissime. V. i miei *Ann. del* 1501 *al* 1540 p. 5 e 45.

PROPHETAE priores hebraic. cum com. Kimchì in fol. Thessalon. 1535.

Edizione sconosciuta e sommamente rara. V. i sudd. *Annali* p. 37. e *De ignotis antiq. edit.* p. 21.

PROPHETAE priores heb. 16. Antwerp. 1566. II Bibliorum pars.

PROPHETAE priores hebraic. cum comm. Abrabanelis fol. Lipsiae 1686.

PROPHETAE priores seu Josue ac Judices cum com. Aaron ben Chaiìm fol. Ven. 1609.

Rarissimo. V. il Wolfio T. II. p. 398 e il mio *Diz. degli aut. ebr.* T. I. p. 6.

PROPHETAE priores, posteriores et Agiògrapha hebraice cum vers. germ. et com. Jarchì sub tit. Maghid in 4. 4 voll. Sulsbaci 1769.

PROPHETARUM priorum seu histor. librorum selecta capita heb. cum not. Hufnagel 8. Norimb. 1780.

PROPHETAE posterio. Isaias Ezechiel et XII minores heb. com. Kimchì fol. sine an. et l. sed Soncini 1486.

Prima edizione più rara di quella de' Profeti primi. V. gli *Annali del XV sec.* p. 131.

PROPHETAE posteriores heb. cum com. Kimchì f. Pisauri 1515.

Della rarità grande ed integrità dell'ediz. V. il Fabricy *Titres primitifs* T. II p 389, il Pocockio note ad *Portam Mosis* p.309, e i miei *Ann.* del 1561 p. 10.

PROPHETAE posteriores heb. cum com. Abrabanelis fol. Pisauri 1520.

D'ugual rarità ed uso. In queste tre prime edizioni conservansi intatti i luoghi anticristiani. V. la mia *Bibl. giud. anticrist.* p. 7 e 47, e il *Dizion. degli aut. ebr.* T. I. p. 23 e 188.

PROPHETAE posteriores heb. cum lat. vers. Pagnini 8. Plantin. 1610.

ISAIAS ac Jeremias heb. cum com. Kimchì in folio Ulyssipone 1492.

Di una rarità estrema. V. l'*Apparato* p. 54, le *Varianti* T. I. p. CXLVIII, e gli *Annali del XV sec.* p. 94.

ISAIAS heb. sine punct. cum com. Salom. fil. Isaaci sub tit. Tikkòn olam 4. Veronae 1652.

JEREMIAS heb. et hispanice literis heb. 4. Thessalon. 1569.

Un' ampia descrizione di questa rarissima ediz. veggasi nel Wolfio T. IV p. 137.

PROPHETAE minores hebr. 12. Gustrovii 1634.

Unico libro ebr. stampato nel ducato di Mechlenburg e rarissimo. V. il Masch T. I p. 82.

PROPHETAE min. cum Targ. et var. comm. 4. Paris. Rob. Steph. 1556.

PROPHETAE min. Esdr. Neh. Paral. hebr. 16. Ven. 1552.

Parte della Bibbia di quest'anno.

OBADIAS heb. 8. Paris. 1534.

Del Guidacerio rarissimo.

OBADIAS heb. cum Targ. ac com. 8. Jenae 1678.

JONAS heb. et lat. 8. Basil. 1561.

JONAS heb. cum Targ. ac var. comm. 8. Lips. 1683.

JOEL heb. cum not. Buttner in 8. Coburgi 1784.

PROPHETICAE Sectiones hebraicae cum com. Kimchì in folio Basil. 1619.

PROPHETICAE Sectiones cum Targ. 8. Florent. 1749.

CANTICA sex heb. Mosis, Annae, Isai. Habac. cum lat. vers., Mingarelli ad calc. Psal. Marini 4. maj. Bonon. 1750.

CANTICUM Deborae heb. Jud. V cum. lat. vers. ac not. Lette in ej. Animadv. sacris 8. Lugd. B. 1759.

V

AGIOGRAFI, SALTERI EBRAICI.

PSALTERIUM hebr. cum commentario Kimchì in 4. sine loco 1477.

Prima edizione ebraica del sacro testo con data di grande rarità. V. le *Varianti* T. I p. CXLIX, e gli *Annali del sec. XV* p. 14.

PSALTERIUM hebr. sine punctis in 12. sine anno et loco circa an. 1477.

Di maggiore rarità del precedente. V. le *Varianti* c. l. e gli Annali p. 128. Esemplare membranaceo ed unico.

PSALTERIUM heb. sine punctis cum ordine benedictionis cibi 12. ej. editionis sine an. et l. circa 1477.

Esempl cartaceo ed unico. V. gli *Scolj critici* p. XII e gli *Annali* p. 129.

PSALT. hebr. cum com. Kimchì fol. min. Neapoli 1487.

E' la parte più rara degli interi Agiografi colà stampati in quest'anno. V. i suddetti *Annali* p. 48.

PSALT. hebr. cum Wolfangi Instit. in 16. Basil. 1516.

Con note mss. autografe di Lutero. Della rarità dell'edizione, e dell'esemplare V. il Tychsen *Tentamen de var. mss. cod. heb. generibus* p. 254, e i miei *Annali del* 1501 p. 13.

PSALT. hebr. Bombergii 12. Ven. 1518.

Sconosciuto e rarissimo. V. il mio libro *De ignotis ant. edit.* p. 18.

PSALT. hebr. Bombergii 16. Ven. 1524.

PSALT. hebr. cum com. Kimchì et Chivan in fol. Thessalon. 1522.

Di questo rarissimo Salterio V. la mia *Append. alla Biblio. del Masch* p. 37, e gli *Annali* citati p. 23. Esempl. membranaceo, ma mancante in fine.

PSALT. hebr. 12. Lipsiae 1533.

Assai raro. V. gli *Scolj critici* p. xxx.

PSALT. hebr. 16. Ven. 1537.

PSALT. hebr. cum com. Kimchì in fol. Isnae 1542.

Tutte le ediz. del Fagio e di Isna sono rarissime.

PSALT. hebr. 4. sine an. et l. sed ut videtur, Isnae circ. 1540.

PSALT. hebr. 16. Venet. 1546.

PSALT. heb. in 16. Basil. 1547.

PSALT. hebraic. cum com. Athiae 4. maj. Ven. 1549.

PSALT. heb. 32. Sabion. 1556.

PSALT. hebraic. cum com. Kimchì 8. Cremonae 1561.

Rari amendue. V. i miei *Annali di Sabioneta* e di *Cremona*.

PSALT. hebr. cum vers. germ. 4. Mantuae 1562.

La versione tedesca è di R. Elia levita e in carattere ebr. e l'edizione rarissima.

PSALT. heb. cum com. Kimchì 12. Ven. 1566.

PSALT. heb. 12. Vitteb. 1566.

PSALT. hebr. 16. Romae 1581.

Le poche edizioni ebr. fatte in Roma sono tutte molto rare.

PSALT. hebraic. Plantini 16. Antwerp. 1581.

PSALT. heb. cum vers. hisp. heb. litteris 4. Thessal. 1584.

Sconosciuta e rarissima edizione. V. la mia *Append. alla Bibliot. del Masch* p. 47.

PSALT. hebraic. cum com. Sphorni 4. Ven. 1586.

PSALT. hebraic. cum com. Aramae 4. Ven. 1590.

PSALT. heb. Raphelengii 16. Lugd. Bat. 1595.

PSALT. hebr. 32. Ven. 1598.

PSALT. hebr. cum com. Alsek 4. Ven. 1605.

Le opere tutte dell'Alsek si son fatte rare.

PSALT. heb. cum lat. vers. Pagnini 8. 1615.

PSALT. hebr. 12. Genev. 1617.

Non memorato dal Masch e rariss.

PSALT. hebr. 32 Venet. 1623.

PSALT. hebr. 16. Venet. 1627.

PSALT. hebr. cum lat. vers. in folio Paris. 1632.

PSALT. hebr. Janssonii cum canticis, Pirkè avoth, sect. bibl. et Maamadòth in 32. Amstel. 1635.

PSALT. hebr. Menassè ben Israel 32. Amstel. 1635.

PSALT. heb. 16. Leidae 1637.

PSALT. hebr. 12. Ven. 1641.

PSALT. hebr. 16. Veronae 1644.

PSALT. heb. 16. Amstel. 1644.

PSALT. heb. Benbeniste 32. Amst. sine an. circa 1640-1650.

PSALT. heb. cum hisp. vers. ac not. Jacobi Jeh. Leon. 8. Amst. 1671.

Stimato e raro, come sono tutte le opere del nostro autore.

PSALT. hebr. cum lat. vers. Pagnini 12. Basil. 1691.

Tutti i Salteri ebr. del XVI e XVII secolo debbon considerarsi per rariss.

PSALT heb. 12. Ven. 1704.

PSALT. hebr. cum lat. vers. Pagnini 12. Basil. 1705.

PSALT. heb. 12. Amstel. 1708.

PSALT. heb. cum com. Kimchì 8. Francof. ad M. 1712.

PSALT. heb. cum not. Basshuysen 12. Hanov. 1712.

PSALT. heb. 16. Ven. 1717.

PSALT. hebr. 12. Ven. 1725.

PSALT. heb. 12. Amstel. 1731.

PSALT. hebr. 12. Ven. 1734.

PSALT. hebr. 12. Ven. 1736.

PSALT. hebr. 12. Ven. 1738.

PSALT. hebr. 8. Mant. 1744.

PSALT. hebr. cum lat. vers. Marini 4. maj. 2. voll. Bonon. 1748–1750.

PSALT. heb. 12. Sulsbaci 1749.

PSALT. heb. 8. Ven. 1753.

PSALT. heb. 12. Taurini 1760.

PSALT. hebr. 16. Sulsb. 1761.

PSALT. heb. 12. Liburni 1780.

PSALT. hebr. 12. Mant. 1781.

PSALT. hebr. 8. Liburni 1789.

PSALT. hebr. 8. Berol. sine an.

PSALT. hebr. 8. Mantuae 1777.

PSALT. heb. 12. Berol. sine an.

PSALMI Job Prov. heb. 4. min. Neapoli an. 1490.

Unico esemplare di questa ediz. sconosciuta e di estrema rarità. V. i miei *Annali del XV sec.* p. 79 e 80.

PSALMI Job Prov. Daniel cum com. Jarchì 4. maj. Thes. 1515.

Di estr. rarità, ma molto mancante, e mal conservato. V. le *Varianti* e gli *Annali del* 1501 p. 9.

PSALMI Prov., Cant., Eccle., Job, Dan. hebr. 16. Ven. 1538.

PSALMI Prov., Eccle., Cant., hebr. lat. ex vers. Pagnini 8. Genev. circa 1616.

PSALMI Prov., Eccle., Cant., hebr. lat. 8. Paris. 1632

PSALMI VII poenit. hebr. cum lat. vers. Reuchlini 12. Tubing. 1512.

Primo libro ebr. stampato in Germania rarissimo. V. gli *Annali lett. di Helmstadt* 1782 pag. 111, e i miei del 1501 pag. 7.

PSALMI VII poenit. hebr. lat. 12. Witteb. 1529.

PSALMI selecti hebr. cum notis crit. 8. Lips. 1772

PSALMI varii hebr. 8. Mant. circa 1557.

In membrana, legati sulla fine dell' Ordine delle preci di detto anno.

PSALMI varii hebr. V. Machazor seu Brev. precum jud.

PSALMI XLVIII et LXXXIX hebr. et anglice cum not. in Kennicotti Sermon. 8. 1765.

PSALMUS I hebr cum v. lat. et annot. Antonii in 8. Viteb. 1780.

PSALMUS LXVII hebr. lat. cum ital. expos. Hintz 4. Calar. 1781.

VI

ALTRI AGIOGRAFI EBRAICI.

PROVERBIA hebr. cum com. Immanuelis f. Neapoli 1487.

V. gli *Annali del XV sec.* p. 133.

PROVERBIA hebr. cum com. Gers. et Meirì f. Leiriae 1492.

D'ultima rarità. V. tra le altre mie opere l'*Append. alla Bibl. Masch.* p. 28 e gli *Ann. del sec. XV* p. 92 e segg.

PROVERBIA hebr. cum com. Kav venakì fol. sine an. et l. sed Ulyssipone 1492.

Sconosciuta e di ugual rarità, o poco minore. V. i sud. *Annali* p. 143.

PROVERBIA hebr. cum com. in 4. editio antiq. mutila.

PROVERBIA heb. lat. ex vers. Munsteri 8. Basil. 1520.

PROVERBIA heb. cum. com. Kav venakì f. Thessalon. 1522.

Rarissima ediz. esemplare membranaceo. V. le *Varianti*, l'*Append. al Masch* e gli *Annali* di questo anno.

PROVERBIA hebr. lat. ex v. Munsteri 8. Basil. 1524.

PROVERBIA heb. lat. Munsteri 8. Basil. 1548.

PROVERBIA hebr. cum com. Alsek 4. Ven. 1601.

PROVERBIA hebr. cum com. Duran 4. Ven 1623.

PROVER., Canticum, Eccle. hebr. 16. Ven. 1524.

PROVERBIA Job Cant. ec. heb. lat. Ariae Mont. 8. Leid. 1614.

PROVERBIA Job hebr. in 4. Mantuae 1720.

PROVERBIA Job heb. in 4. Mantuae 1725.

PROVERBIA Job heb. in 8. Mantuae 1744.

PROVERBIA Job hebr. in 8. Mantuae 1779.

PROVERBIA Job hebr. cum com. Coèn 4. Ven. 1656.

JOB hebr. cum com. Aramae fol. Thessalon. 1516.

Rariss. ediz., di cui V. l'*Append. al Masch* p. 35, gli *Annali* del 1501 p. 12, e il *Dizion. degli aut. ebr.* T. 1 p. 55.

JOB hebr. cum com. Coèn 4. CPoli 1545.

JOB hebr. cum com Aramae in 4. Ven. 1567.

JOB heb. cum com. Alsek 4. Ven. 1603.

JOB Cant. et alia Agiographa hebr. cum var. com. fol. Neap. 1487.

Forma la 3 parte degli Agiografi rarissimi di quell'anno. V. gli *Annali del XV sec.* p. 52.

JOB Daniel heb. 16. Ven. 1527.

JOB Daniel heb. 16. Ven. 1544.

JOB Cant., Ruth, Threni., Eccle. hebr. 12. Leidae 1608.

CANTICUM canticorum heb. cum com. Alkabetz in 4. Ven. 1522.

CANTICUM hebr. cum com. Tamach 16. Sabionetae 1551.

CANTICUM hebr. cum com. Aripol in 4. Saphet 1579.

Tutte le ediz. fatte in Oriente nel XVI secolo sono assai rare.

CANTICUM hebr. cum com. Galiko 4. Ven. 1587.

CANTICUM hebr. cum com. Alsek in 4. Ven. 1591.

CANTICUM hebr. hispan. cum com. Laniado 4. Ven. 1597.

CANTICUM heb. hispan. 12. Liburni 1769.

Canticum, Ruth, Threni, Eccles., Esther hebr. cum com. Jarchi et ab. Ezrae fol. sine an. et l. sed Bonon. 1482.

Membranaceo esempl. di una sconosciuta ediz. di ultima rarità. V. i miei *Annali del XV sec.* p. 130.

Canticum et al. libri cum com. Gers. 4. Ripae Trid. 1560.

Canticum etc. cum Targ. et com. Aramae et Jarchi in fol. Ripae Trid. 1561.

Ha questo di singolare questo nostro esempl., che offre in margine ms. l'inedito commento sulla Cantica di R. Abram levita figlio d'Isacco.

Canticum etc. cum com. Almosnini in 4. Thessal. 1572.

Non accennato dal le Long, dal Wolfio, dal Masch, e rarissimo. V. gli *Scolj crit.* p. xxxi.

Canticum etc. cum eodem com. 4. Ven. 1597.

Canticum etc. hebr. in 12. Lubecae 1650.

Ignota al Wolfio e al le Long e rarissima. V. il Masch T. i p. 78, e le *Varianti* T. iv p xxxi.

Canticum etc. hebr. cum sect. Proph. in 8. Amst. 1675.

Canticum Eccles. Job Daniel hebr. in 16. Ven. 1544.

Ruth hebr. 4. Parisiis 1559.

Ruth hebr. cum com. Alkabetz 4. CPoli 1561.

Col tit. di *Scoresc iscai*, *Radice di Isai* dal Clement T. i p. 186 segnato per raro.

Ruth hebr. cum com. Oseidae 4. Gismi prope CPol. 1597.

Col tit. di *Ighered scamuel*, *Lettera di Samuele*, rariss. V. i miei *Scolj crit.* p. xiii.

Ruth hebr. cum com. Alsek 4. Ven. 1601.

Threni hebr. cum com. Galante et ab. Sohev in 4. Ven. 1589.

Threni hebraice cum com. Alsek 4. Ven. 1601.

Threni hebraice cum com. Oseidae 4. Ven. 1600.

Ecclesiastes hebr. lat. ex vers. Munsteri 8. Basil. 1525.

Eccles. hebr. et ital. ex vers. de Pomis cum not. 12. Ven. 1571.

Eccles. hebr. cum comm. Galante 4. Saphet 1578.

Eccles. hebr. cum comm. Alsek 4. Ven. 1601.

Eccles. hebr. et ital. ex vers. Carmeli et cum ej. notis 8 Ven. 1765.

Eccles. hebr cum comm. Gompel 4. Hamburg. 1784.

Esther hebr. cum comm. Aschenazi 4. Cremonae 1576.

Esther hebr. cum comm. Alkabetz 4. Ven. 1585.

Esther hebr. cum vers. ac com. jud.-germ. 4. Cracov. 1590.

Esther hebr. cum comm. Alsek in 4. Ven. 1601.

Esther hebr. cum comm. Valerii 4. Ven. 1586.

Sconosc. al le Long e al Masch e rariss. V. gli *Scolj crit.* c. l.

Esther hebr. cum comm. Jarchi et Targ. posteriore 4. Amst. 1734.

Daniel hebr. et lat. ex vers. Aurogalli 8. Vitteb. 1525.

Daniel hebr. cum comm. Alsek 4. Saphet 1563.

Daniel hebr. cum comm. Valerii 4. Ven. 1586.

DANIEL hebr. cum comm. Alsek 4. Ven. 1592.

ECLOGAE sacrae V. T. seu Bibliorum Epitome heb. lat. cura Schickardi 12. Tubingae 1633.

VII

VERSIONI E PARAFRASI EBR. DE' SACRI LIBRI.

DANIELIS et Esrae Capita chaldaica hebraice versa cum commentatione Schulze in 8. Halae 1782.

COEN Abr. Paraphrasis poetica Psalmorum sub tit. Cheunad auraàm 4. Ven. 1719.

MATTHAEI Evangelium heb. cum Psalmis poenit. heb. 12. Parisiis 1551.

MATTHAEI Evang. hebraice cum Tilii praefatione et Merceri versione et judaeorum objectis in 12. Parisiis 1555.

Amendue rari e tradotti dagli ebrei dal latino, ma il secondo con maggior eleganza. V. l'Uezio *De cl. interpr.* p. 123, l'Ottingero, e il Simonio.

VIII

PENTATEUCO SAMARIT. E VERS. SAMARITANA.

PENTATEUCHUS samarit. V. Waltoni Biblia polyglotta.

PENT. sam. V. Kennicotti Biblia hebraica.

PENT. cod. samariticus Paris. cum com. de samar. cura Lobstein 8. Francof. ad M. 1781.

PENT. seu Genesis IV priora capita cum lat. vers. in Othonis Palaestra linguar. or. 4. Francof. M. 1702.

PENT. Versio samaritana in Waltoni Bibliis polygl.

PENT. ej. Excerpta in Cellarii Horis sam. 4. Cizae 1682.

PENT. Versio arabico-sam. V. Biblia arabica.

IX

BIBBIE GRECHE.

BIBLIA graeca LXX cum lat. vers. V. Polyglotta Phil. II, Vatabli et Waltoni.

BIBLIA graeco-latina seu IV pars Tobias, Judith, Baruch, Esdras etc. in 8. Basil. 1582.

PENTATEUCHUS graecus bibliot. Ven. D. Marci cura Amonis 8. 3 voll. Erlang. 1790-91.

GENESIS, Exodi, Lev., Josuae, Judic. et al. lib. Excerpta graeca cum lat. vers. sub tit. Chrestomathiae hexaplaris edita a Trendelenburg 8. Lubecae 1794.

EXODI Pars cum Levitico graece 8. Lips. 1767.

NUMERI ac Deut. Pars graece in 8. Lips. 1768.

JOSUE, Isaias, Jonas, Threni graece V. Biblia polyglotta.

JEREMIAS graece ex vers. LXX cum not. crit. Spohn. 8. Lips. 1794.

PSALTERIUM graecum in 8. Ven. 1525.

Omesso dal le Long, e molto raro. E' stampato col Menologio ad uso dei greci.

PSALT. graec. cum arab. versione ms. interlineari 4. Ven. 1534.

Prezioso esemplare non tanto per la rarità grande dell'edizione, quanto per la vers. ar. ms. che l'accompagna.

PSALT. graec. cum lat. versione 8. Basil. sine anno.

PSALT. graec. cum lat. versione et calend. syr. graec. etc. 12. Paris. 1605.

PSALT. graec. cum lat. vers. in Psalteriis plur. polyglottis.

PROVERBIA, Eccles., Cant., Ruth, Threni, Daniel et selecta Pent. loca graece ex nova vers. et unico Veneto D. Marci cod. cum not. Villoison 8. Argentor. 1784.

DANIEL graece secundum LXX et Theodotionem cum lat. vers. dissert. ac notis de Magistris in fol. Romae 1772.

X

NUOVI TESTAMENTI GRECI.

NOVUM TESTAMENTUM graecum Gerbelii 8. Hagenoae 1521.

Della rarità di questa edizione convengono i bibliografi. V. tra gli altri la *Biblioteca Albertina* p. 33, la *Tomasiana* vol. I p. 4, e il Vogt p. 661.

NOVUM TESTAM. graecum Bebelii 8. Basileae 1524.

Ignorato dal Millio e rarissimo. V. fra gli altri il le Long *Bibl. sacr.* p. 204. il Vogt c. l., l'Engel *Bibl. sel.* p. 20, il Masch T. I p. 199.

NOVUM TESTAM. graecum seu IV Evangelia et Actus apostolorum 16. Ven. 1538.

Ediz. rarissima. V. la *Bibl. Solger.* T. III p. 385 e il Masch c. l. pag. 204.

NOVUM TESTAM. graecum in 8. Tiguri an. 1547

NOVUM TESTAM. graecum in 12. Parisiis 1549.

NOVUM TESTAM. graecum Rob. Stephani cum variis lect. in fol. Paris. 1550.

E' conosciuto il pregio e la rarità di questa ediz. V. il le-Long, il Millio, e il Masch p. 209.

NOVUM TESTAM. graecum Crispini in 12. Genev. 1553.

Rar. V. il Colomesio e il Vogt p. 662.

NOVUM TESTAM. graeco-lat. Bezae in 8. Henr. Steph. 1565.

NOVUM TESTAM. graec. Rob. Stephani fil. 16. Paris. 1569.

Dai bibliografi è generalmente riferito al 1568, e il Masch nota p. 214, che il 1569 è in fine. Questo esemplare ha il 1569 in principio e in fine.

NOVUM TESTAM. graecum Janssonii in 8. Amstel. 1639.

NOVUM TESTAM. graecum cum var. lectionibus Millii et Kusteri in fol. Lipsiae 1723.

NOVUM TESTAM. graecum cum var. lection. Mastricht in 8. Amstel. 1735.

NOVUM TESTAM. graecum Glascuae in 8. an. 1750.

Con ampliss. marg. E' nota la bellezza delle edizioni di Glasgua.

NOVUM TESTAM. graecum Westenii cum variis lectionibus, prolegom., notis ac com. in fol. 2 voll. Amstel. 1751.

NOVUM TESTAM. graecum Glascuae in 4. an. 1759.

NOVUM TESTAM. graecum Bowyer cum emendationibus conjecturalibus doctorum virorum in 8. 2 voll. Londini 1763.

NOVUM TESTAM. graecum cum lat. vers. Ariae Montani 12. Berolini 1761.

NOVUM TESTAM. graecum Harvood cum mss. collatum cum not. et catalogo praecipuarum editionum 8. 2 voll. Londini 1776.

NOVUM TESTAM. graecum Griesbachii cum variis lect. in 8. maj. 2 voll. Halae 1777.

NOVUM TESTAM. graecum Hardy cum scholiis in 8. maj. 2 voll. Londini 1778.

NOVUM TESTAM. graecum Alter cum variis lectionibus 8. maj. 2 voll. Viennae 1787.

NOVUM TESTAM. graecum Matthaei cum lat. versione ac variis lectionibus in 8. 12 voll. Rigae 1782-1788.

NOVUM TESTAM. graecum, seu IV Evangelia cura Birchii cum prolegomenis ac variis lectionibus in 4. maj. Hafniae 1788.

• La collezione de' N. T. greci è preziosa per le molte rare, critiche e pregiatissime edizioni che la compongono.

EVANGELIA IV graece 12. Lovanii typ. Rescii 1534.

Talmente rari, che il Long e il Masch non ne parlano. Ogni Vangelo ha il suo titolo, e in principio e in fine quell'anno.

XI

BIBBIE CALDAICHE.

BIBLIA chaldaica. V. Polyglotta Philippi II et Waltoni.

BIBLIA chaldaica. V. Biblia rabbinica veneta Bombergii annorum 1517, 1525, et 1569.

PENTATEUCHUS chaldaicus Onkelosi. V. Pent. polygl. CPoli 1546 et 1547.

PENTATEUCHUS chal. in Pentateucho Bononiensi, Sorae, Ulyssiponensi et aliis editionibus sec. XVI et XVII.

PROPHETAE priores chald. V. eosdem Leiriae 1494.

PROPHETICAE Sect. chald. V. easd. 8. Flor. 1749.

PSALTERIUM chald. V. Psalteria varia polyglotta et hebr.

CANTICUM cantic., Ruth, Threni, Eccles., Esther chald. V. hos libros hebr. ex edit. Ripae Trid. 1561.

ESTHERIS Additamenta chaldaice cum lat. versione et var. lect. V. De-Rossi Specim. var. lect. ex ms. codice Pii VI.

PARALIPOMENA chald. cum lat. versione Wilchinsii in 4. Amstel. 1715.

XII

BIBBIE SIRIACHE.

BIBLIA syriaca in Polyglottis Phil. II ac Waltoni.

GENESIS IV capita priora syr. in Othonis Palaestra ling. or.

LIBRI IV reg. syro-heptaplaris Specimen ex mss. Paris. cum not. Hasse 8. Jenae 1782.

JEREMIAS et Ezechiel syrohexaplar. a Norbergio editi in 4. Londini Gothorum 1787.

JONAE et Obadiae Oracula syr. cum not. Grimm 8. Duisburgi 1805.

PSALTERIUM syriacum 8. Romae 1737.

PSALT. syriacum cum lat. vers. Erpenii ac not. Dathe in 8 Hal. 1768.

PSALT. syro-hexaplare cum lat. vers. ac not. Bugati in 4. maj. Mediolani.

Debbo l'esemplare di un'opera non finita di stampare, nè pubblicata, ma che lo sarà ben presto, all'amicizia e alla confidenza, di cui mi onora il dotto editore.

PSALMUS I syro-hexaplaris V. De-Rossi Specimen polygl. 4. maj., Parmae 1778.

DANIEL syro-hexaplaris cum lat. vers. ac not. Bugati in 4. Mediol. 1788.

NOVUM TESTAMENTUM syriacum Plantini litteris hebr. 8. Anwerp. sine an. sed 1574.

Rarissimo. V. il Masch T. II p. 80.

NOVUM TESTAM. syriacum Gutbirii 8. Hamburgi an. 1663.

NOVUM TESTAM. syriacum Schaaf cum lat. vers. Leusdeni et variis lect. 4. Lugd. Bat. 1709.

XIII

BIBBIE ARABICHE.

BIBLIA arabica in Polyglottis Lond. Waltoni.

BIBLIA arabica Tuki in 4. maj. Romae 1752.

PENTATEUCHUS arab. Saadiae. V. Pent. pol. CPoli 1546.

PENT. arabicus Erpenii in 4. Leidae 1622.

Le edizioni della stamperia orient. d'Erpenio sono tutte belle, pregiate e rare. Questo Pent. è anche più raro pei pochi esempl. tirati. V. il Vogt p. 663.

PENT. Excerpta varia arabico-samaritana. V. Sacy.

GENESIS IV priora capita arab. V. Othonis Palestram.

GENESIS cap. XLIX seu Spec. ineditae versionis arab. sam. e cod. Barberino cum notis Hwiid et Georgii ep. de vers. arab. 8. Romae 1780.

ISAIAE Versio arabica R. Saadiae cum aliis specim. arabico-biblicis e ms. Bodlejano cum glossario perp. Pauli in 8. 2 voll. Jenae 1790.

PSALTERIUM arab. in Justiniani Octaplo 1516.

PSALT. arab. cum lat. interp. Scialac in 4. Romae 1614.

Il Freitag *Annal. litt.* p. 715, e il *Catal. della Propag.* lo danno per raro. Produzione unica della stamp. araba fondata dal Savari.

PSALT. arabicum 8. in monasterio Casroan Jo. Bapt. de Soairo Maronitarum 1764.

Più edizioni ne sono uscite tutte rare. V. l'Assemani *Catal. della Bibl. medic.* p. 64, il Doederlein nel *Repert. or.*, il Masch T. II p. 124, e il Volney *Voyage en Syrie* T. II p. 85.

NOVUM TESTAMENTUM arab. in 4. maj. Londini 1727.

A spese della società di Propag. Non sendosi esposto in vendita, non può esser che raro. V. il Masch T. II p. 130, e l'Assemani c. l. p. 65.

IV EVANGELIA arabice et latine in folio Romae typis Mediceis 1591.

E' nota la bellezza de' caratteri, e la magnificenza di questi Vangeli, e un gran numero di bibliografi, tra i quali il Clement, lo Schelhornio, il Vogt il Masch, ne predica anche la rarità. Ma gran quantità d'esemplari restò chiusa negli archivi del gran duca, che sono stati messi in vendita.

IV EVANGELIA arabice in fol. Romae typ Mediceis 1590.

Si dèe credere che l'ordine di mandarne gli esemplari in Oriente riguardi i soli arabi. V. il Masch T. II p. 130.

XIV

BIBBIE PERSIANE, ETIOPICHE, COPTE.

PENTATEUCHUS persicus ex vers. Tawosi. V. Pent. Polyg. CPoli 1546.

PENTATEUCHUS et IV Evangelia persice cum lat. vers. V. Polyglotta Londinensia.

GENESIS IV priora cap. pers. V. Othonis Palaestram.

— Eadem aethiopice ibid.

PSALT. Cant. et N. T. aethiop. V. Polygl. Londin.

PSALT. aethiop. V. Polyg. Potkenii.

DANIELIS Spec. seu cap. IX coptice ex 2 vers cum lat. vers. ac not. Munter 8. Romae 1786.

EVANG. Matth. et Joh. et Jerem. Frag. copt. V. Mingarelli.

EVANG. D. Joh. Fragmentum graeco-copto-thebaicum cum Georgii lat. vers. ac notis in 4. maj. Romae 1789.

XV

BIBBIE LATINE.

BIBLIA latina Vulgata in 8. Ven. 1497.

BIBL. lat. Vulg. 4. Ven. 1498.

BIBLIA lat. Vulg. cum annot. 4. min. Ven. 1538.

BIBLIA lat. Vulg. 16. 5 voll. sine anno.

BIBLIA lat. Vulg. 8. 2 voll. Lugduni 1542.

BIBLIA lat. Pagnini ex hebr. cum not. Serveti f. Lugd. 1542.

Della sua rarità V. il Clement T. IV p. 127, il de Bure T. I p. 57, il Mosheim *Hist. Serveti* p. 167, la Roche *Bibl. angl.* T. II pag. 92.

BIBLIA lat. Vulg. in 4. maj. Romae 1593.

Terza ricogniz. da unirsi alla Sistina e alla Clementina, e rara. V. il Bukentop e il Masch. T. III P. 249.

BIBLIA latina Vulgata in 16. 5 voll. Colon. 1639.

BIBLIA lat. ex hebr. cum com. Clerici et disser. var. fol. 4 voll. Amstel. 1710.

BIBLIA lat. Vulgata 8. maj. Avenione 1751.

BIBLIA lat. Vulg. cum com. du Hamel in 4. maj. 2 voll. Ven. 1758

BIBLIA lat. Vulg. cum com. Calmeti f. 9 voll. Ven. 1767.

BIBLIA lat. ex heb. cum not. Dathii 8. 6 voll. Halae 1781-89.

BIBLIA lat. ex heb. et Vulg. V. Polyglotta.

BIBLIA lat. ex heb. V. hebr. Munsteri.

BIBLIORUM Partes lat. V. Biblia var. ling.

PENT. Josue lib. Jud. et Ruth 12. Ven. Juntae 1533.

Ed. rariss. omessa dal Long e Masch.

ISAIAS lat. ex 2 vers. cum com. Forerii fol. Ven. 1563.

ISAIAS lat. ex heb. cum not. Doederlein 8. Altorfi 1780.

— Idem 8. Norimb. 1789.

CHABACUC lat. ex heb. cum com. Kofod 8. Goetting. 1792.

Psalt. lat. et Eccle. ex heb. per Campensem 16. Lugd. 1536.

Psalt. lat. ex 2 vers. cum Vatabli annot. 8. Paris. R. Steph. 1556.

Rar. V. il Wolfio T. IV p. 145 e il Reiman. P. I p. 241.

Psalt. lat. cum com. Genebrardi et calend. heb. etc. 8. Paris. 1582.

Psalt. lat. 32. sine an. et loco.

Psalt. lat. cum com. Kimchì ex vers. Janvier 4. Paris. 1666.

Psalt. Prov. Eccle. Job Ev Matth. et Marci et Pauli Epist. lat. cum com. D. Hieronymi fol. Lugd. 1530.

Psal. cxix lat. ex heb. Seemiller 12. Norimb. 1779.

Proverbia lat. ex heb. cum var. l. et com. Isaacidis, ab. Ezrae et Gerson. a Giggeio 4. Mediol. 1620.

Prov. lat. ex heb. cum not. Schultensii 8. Halae 1769.

Job lat. cum com. Pinedae fol. 2 voll. Ven. 1739.

Job lat. ex syr. a Scialac 12. Romae 1618.

Cant. cant. lat. ex heb. cum com. Genebrardi 8. Paris. 1585.

Threni et Malachias lat. c. com. Figueiri 8. Lugd. 1596.

Ecclesiastes lat. cum com. Pinedae fol. Paris. 1620.

Eccles. lat. ex chal. a Costo cum typo Messiae 4. Lugd. 1554.

Esther lat. Pagnini cum ann. Drusii 8. Lugd. bat. 1586.

Daniel lat. cum com. Peirerii 8. Lugd. 1602.

Epistolae Pauli et al. apost. lat. sub tit. Manualis 8. Ven. sine anno.

Epistolae Pauli ad graec. verit. cum com. Cajetani fol. Ven. 1531.

XVI

BIBBIE ITALIANE.

La Bibbia sacra tradotta dal Diodati 8. Dresda 1757.

I Salmi di Davidde dall'ebr. trad. da Gio. da Pozzo 4. Vinegia 1548.

I Salmi o Dich. d'essi del Panigarola col lat. 8. Torino 1586.

Il Libro dei Salmi sec. la verità del testo ebr. 8. 1601.

I Salmi tradotti dall'ebr. col lat. Volg. 8. 2 voll. Lucca 1787.

I Salmi trad. dal testo ebr. col lat., e note del Boaretti 8. 2 voll. Ven. 1788.

Il Salterio di Dav trad. sul testo ebr. 8. Ferrara an. 1 rep.

I Salmi trad. dal testo dal dott. De-Rossi 12. Parma 1808.

I Prov. di Salom. trad. sec. la verità del testo ebr. 12. 1601.

I Proverbj trad. dal testo ebr. dal Recanati 8. Ferrara an. x republ.

Il Libro di Giobbe trad. sec. la verità del testo ebr. 12. 1601.

La Cantica e il Sal. xviii trad. dal testo dall'ab. di Caluso 8. Parma 1800.

L'Ecclesiaste, la Sapienza e l'Ecclesiastico trad. dall'ebr. e dal greco 12. 1601.

L'Eccle. trad. dall'ebr. V. l'Eccl. ebr. del Pomis e del Carmeli.

L'Ecclesiaste trad. dall'eb. con note del Gallicciolli in 8. Ven. 1783.

L'ECCLESIASTE trad. dal testo origin. dal dott. De-Rossi 12. Parma 1809.

XVII

BIBBIE FRANCESI E SPAGNUOLE.

LA BIBLE sainte 8. à la Haye 1731.

LA BIBLE traduite sur les textes origin. 8. Cologne 1739.

BIBLIA en lengua española traduzida palabra por palabra de la verdad hebrayca in fol. Ferrara 1553.

Della rarità grande di questa Bibbia V. il Vogt, l'Osmont, il Clement, il de Bure, il Crevenna, e il mio libro *De typ. heb. ferrar.* p. 68 e 101. Manca il titolo.

BIBLIA en lengua española traduzida de la verdad hebr. fol. Amst. 1630,

BIBLIA en lengua española traduzida de la verdad hebr. 8. Amst. 1661.

Anche queste due ediz. sono rarissime. V. il Clement T. III p. 452 e il citato mio libro pag. 98 e 100.

PENT. hisp. V. Polygl. 1547.

HUMAS o Cincos libros de la ley con las Aphtarot 8. Amst. 1643.

JEREMIAS hisp. ex hebr. V. Jerem. heb. 1569.

LES PSEAUMES trad. sur l'hebreu avec des explic. et des not. crit. 8. 3 voll. Paris 1809.

PSALTERIO de David trasladado del hebr. 16. Amst. 1628.

PSALTERIO de David traslad. del heb. 12. Amst. 1650.

LOS PSALMOS de David traducidos del hebr. 12. Amst. 1723.

PSALMI hisp. V. Psalt. heb. hisp. 1544 et 1671.

CANTICUM cant. hisp. V. Cantic. polygl. 1655 et 1664.

LE NOUVEAU Testament traduit par Amelotte 8. Paris 1686.

LE NOUVEAU Testament avec les Pseaumes de David 8. Amst. 1711.

XVIII

BIBBIE TEDESCHE, OLAND. E INGLESI.

BIBLIA german. ex vers. Lutheri ex hebr. 8. Basil 1772.

BIBLIA germ. ex heb. ex vers. Michaelis cum notis, seu Ex. Lev. Num. Deut. Jerem. Prov. Machab. 4. maj. 6 voll Götting. 1787.

BIBLIA angl. ex heb. 8. maj. Oxonii 1739.

BIBLIA angl. ex nova transl. Geddes cum notis vol. 1 Gen. Ex. Lond. Lev. fol. 1790.

PENT. germ. cum v Megh. et Apht. et com. Jarchì fol. Basil. 1583.

PENT. germ. Mendelsohn V. heb. 1781.

PROPHETAE et Agiographa germ. V. eos heb. 1769.

EZECHIEL angl. ex heb. cum not. Newcome 4. Dublini 1788.

PSALT. germ. V. Psalt. hebr. 1562.

PSALT. belgic. Datheni 12. Hornae 1619.

PSALT. belgic. Luth. 12. 1642.

Job germ. ex heb. cum not. Hufnagel 8 Erlangae 1781.

Esther germ. V. Esth. heb. 1590.

Novum Testam. germ. ex vers. Lutheri 8. Amst. 1684.

Novum Testam. belgic. 12. Antwerpiae 1562

Novum Test.belg. 8. ib. 1571.

Novum Testam. belgic. 8. Gorinchem 1686.

Novum Testam. anglice 8. Antw. 1621.

XIX

LIBRI APOCRIFI.

Antiochi Volumen hebr. V. Pent. heb. 1505.

Antiochi Vol. heb. 8. Mant. 1557.

Rariss. e membranaceo.

Antiochi Vol. heb. cum hist. Judiht et Dan 8. Mant. sine an.

Bangii Coelum orientis, de primis litt., de lib. Enochi ec. 4. Havn. 1657.

Il Vogt, l'Engel, il Sincero e il Clement lo segnano tra i libri rari.

Ben Sira Liber et alia opuscula hebr. 4. min. CPoli 1519.

Divrè ajamìm, Chronicon Mosis, De morte Mosis et Aaron et alia opusc. heb. 4. min. CPoli 1516.

Queste due collezioni sono estremam. rare. V. i miei Ann. del 1501, il Fabricio *pref.* alla sua ediz., e il *Cat. de' miei mss.* T. 1 pag. 124.

De vita et morte Mosis cum obs. Gaulmini et al. op. cura Fabricii 8. Hamb. 1714.

Enochi Lib. et Prov. Salom. hebr. in collect. CPoli 1516.

Evangelium infantiae arab. lat. ex vers. Sike 8. Traj. ad Rh. 1697.

L'Osmont, Solgero, Santander e la *Bibl. tomas.* lo notano per raro.

Evang. heb. Matthaei Vide Version. hebr.

Evang. secund. hebr. Fragm. ex Justino V. Repert. or.

Historia Jescuae Nazareni ex ms. heb. lat. cum not. Huldrici 8. Lugd. Bat. 1705.

Rar. V. l'Engel, l'Osmont, il Solgero, la mia *Bibl. giud. antic.* p. 121 e il *Diz. degli aut. eb.* T. II pag. 152.

Jetzira seu Lib. creationis hebr. cum com. ben Dior et Nachm. 12. CPoli 1724.

Notice du livre de Henoch et Extraits de ce liv. par Sacy 8.

Testamentum xII patriarcharum 8. Hagenoae 1532.

Della sua rarità V. l'Osmont T. II p. 151 e de Bure T. I p. 110.

Tobiae Liber hebr. in collect. CPol. 1516.

Rariss. Masch T. II pag. 19.

Toledòth jescù, Generationes Jesu, hebr. lat. V. Wagenseil Tela ignea.

XX

INTRODUZ. E TRATTATI GEN. DELLA BIBBIA.

Aben Ezra Jesod morà, Fundam. timoris, 12. CPoli 1530.

Rariss. Simonio *Hist. cr. du V. T.* p. 538 e *Lett. chois.* T. I p. 84, Clement T. I p. 13, i miei *Ann. del* 1501 p. 33 e il *Diz. degli aut. ebr.* T. 1 pag. 12.

Apparatus ad sacr. Scripturam 4. Veron. 1791.

ARIAE Mont. Proleg. V. Bibl.

ARIZZARA Hermeneutica sacra 4. Castrinovi Garfan. 1790.

AUGUSTINI Libri de doctr. christ. 8. Ven. 1764.

BAVER Hermeneutica sacra 8. Lips. 1797.

BONFRERII Praeloq. V. Bibl.

BUXTORFII Maim. Morè nevochìm lat. 4 Basil. 1629.

CARPZOVII Comp. hermen. sacrae 8. Helmst. 1790.

CLERICI Prolegom. V. Bibl.

CONTANT Essai sur l'Ecrit. sainte 8. Paris 1775.

DU HAMEL Proleg. V. Bibl.

DUPIN Prolegomenes sur la Bible 4. 2 voll. Paris 1701.

EICHORN Introductio in V. T. germ. in 8. 3 voll. Lisp. 1780-1783.

EICHORN de Canone V. T. V. ej. Repert.

FABRI De mytholog. ad sacr. lib. interp. 4. Onoldi 1785.

FABRICII Partitiones cod. heb. in Crenii Thes. L. B. 1731.

FABRICY Des titres primitifs de la révélation 8. 2 voll. Rome 1770.

FABRICY Lettre d'un Romain 8. ib. 1774.

GERBERTI Apparatus 8. Monast. S. Blasii 1764.

GRAVESON De Scriptura sacra 4. Ven. 1761.

GRAVESON Historia V. T. 4. 3 voll. Ven. 1761.

HODII De Bibliorum textitibus origin. fol. Oxon. 1705.

HOTTINGERI Thesaurus philol. seu clavis L. S. Tig. 1696.

HOUBIGANT Prolegomena in s. Script. 4. Paris. 1746.

HOUBIGANT Proleg. V. ejus Notae crit.

HUETII Demonstratio evangelica 4. 2 voll. Ven. 1754.

HULSII Authentia text. heb. 4. Roterod. 1662.

JUSTINIANI Mossei Aegyptii Dux dubitantium in fol. Paris. 1520.

Rariss. Wolfio T. III pag. 780.

KOPFII Tyrocinium s. Scripturae 8. Aug. Vind. 1763.

KOSEGARTEN De sacr. auct. indole poet. 4. Rostoch. sine an.

LAMY Introduction à l'Ecrit. sainte 12. Paris 1689.

LANIGAN Institutiones bibl. P. I 8. Ticini 1793.

LEIDENFROST Dissert. de libris sacr. 4. Halae Magd. 1743.

MAIMONIDIS Morè nevochìm, Doctor perplex. fol. sine anno et loco.

Di prima età e gr. rar. *Ann. del XV sec.* p. 121, e *Diz. aut. ebr.* T. II p. 28.

MAIMONIDIS Morè lat. V. Justiniani et Buxt.

MARCHINI De divinitate et canon. sacr. libror. in 4. Taur. 1777.

MARTIANAY Du canon des liv. de la S. Ecriture 8. Paris 1703.

MENOCHII Proleg. V. ej. Com.

MICHAELIS Introductio in V. T. germ. P. I 4. Hamb. 1787.

MORINI Exercitationes biblicae 4. Paris. 1633.

MOLDENHAWER Introductio in lib. V. T. 8. Regiom. 1744.

OLIVIERI De sacro heb. textu Disp. 4. Parmae 1793.

PASINI De praec. Biblior. linguis et vers. 8. Patav. 1716.

PFEIFFERI Thesaurus hermeneuticus 8. Lips. 1726.

PFISTER De origin. alleg. interpr. 4. Tubing. 1795.

PUJATI De Bibliorum praestantia et interpret. in 8. Ven. 1786.

SALMERONIS Prolegom. biblica fol. Brix. 1601.

SAVER De canone V. T. 4. Altorfi nor. 1797.

SCHAEFFER Ichnograph. hermen. sacr. 8. Mogunt 1784.

SCHICKARDI Bechinad apperuscim 4. Tubing. 1624.

Rariss. Simonio *Lettr. chois.* T. IV pag. 171.

SGAMBATI Archivi V. T. fol. Neap. 1703.

SIMON Hist. crit. du V. T. 4. Rotterdam 1685.

SIMON Lettre sur l'inspiration 4. ib. 1687.

SIMON Reponse à la défense des sentim. etc. ib.

SIMON Opuscula crit. adv. Voss. 4. Edinburg. 1685.

SIMON Judicium de Vossii respons. 4. ibid.

SIXTI Senensis Bibliotheca sancta 4. 2 voll. Ven. 1575.

TAYLOR et Bootii Examen Morini de heb. T. 12. Lugd. B. 1636.

VOISIN Obs. V. Mart. Pug.

WALTON Prolegomena bibl. 8. Lisp. 1777.

WALTON Proleg. V. Polygl.

WESTENII Prolegom. ad N. T. gr. 4. Amst. 1730.

WESTENII Proleg. V. ej. N. T. graecum.

ZOPFII Introd. ad V. T. cum diss. 8. Lips. 1763.

XXI

TRATTATI PARTICOLARI DEI LIBRI, VERS. ED EDIZ. DELLA BIBBIA.

ADLER Bibliotheca bibl. Lorckiana 4. P. V Altonae 1787.

ALTINGII Dissertationes acad. 4. Groningae 1671.

AMON De versione V. T. gr. Ven. ad calc. Pent. gr. 8. 1791.

ARNALDO Della lettura dei sacri libri in volgare in 8. Ven. 1772.

ASTRUC Conjectures sur les memoires de la Genese 8. Brux. 1753.

BRANCA De Vulg. edit. auctorit. 4. maj. T. I Mediol. 1781.

BRET De usu vers. lat. veteris 4. Tubing. 1786.

BRUNS De mendis editionis Hooght V. Eichor. Repert.

CALMET Biblioth. sacra V. ej. Dict. bibl.

CARPOVII Animadversiones sacrae etc. 4. Lips. 1711.

CELLARII Dissertationes acad. 8. Lips. 1712.

CONZ De charactere poet. Joelis 4. Tubing. 1783.

DE-ROSSI Apparatus hebr. bibl. 8. Parmae 1782.

DE-ROSSI De ignotis sacri T. edit. et Appendix ad Bibl. Masch. 4. Erlang. 1782.

DISS. De Epistolis D. Pauli 4. 1798.

DISS. De Pauli ep. ad Rom. 4. Tubing. 1801.

DISSERTATIONS crit. sur la partie proph. 8. 1751.

DIZION. degli autori eccl., interpreti ec. 8. 4 voll. Bassano 1783.

FISCHERI Prolusiones de vers. graec. V. T. 8. Lisp. 1772.

FISCHERI De vers. Vulgata lib. V. T. 4. ib. 1776.

GEDDES de S. Script. versionum vitiis ec. 8. Bamberg. 1787.

GEDDES Proposal for a new translation fol. Oxford 1788.

GEDDES A letter relat. a vernac. version 4. Lond. 1787.

GEDDES Answer for a new transl. 4. ib. 1790.

GEORGII et Adleri Epist. de vers. syr N. T. 4. Hafn. 1790.

HACKSPANII Interpres errabundus in Crenii Thesauro.

HUFNAGEL Obser. in Nissel. Biblia V. Repert. or.

ILGEN Jobi Carminis natura 8. Lips. 1789.

KOEGLERI Notitiae Biblior. sinens. etc. 8. Hal. sal. 1805.

LETTERA apolog. della Sistina 12. Lovan. 1754.

LIENHART De libro Judith 8. Friburgi brisg. 1802.

LONG (le) Bibliotheca sacra fol. 2 voll. Paris. 1722.

LONG Biblio. sacra aucta et contin. V. Masch.

MAII Theologia jesaiana 4. Gissae Hass. 1704.

MARIANA Diss. pro ed. Vulgata V. Menoch. Comm.

MASCH Bibliotheca sacra 4. 5 voll. Halae 1778-1790

MICHAELIS Diss. de Jeremia 4. Hal. Magd. 1712.

MICHAELIS De Isaia ejusque vatic. 4. ib. 1712.

MULLER De persona et libro Jobi 4. Jenae 1701.

MUNTER De versione N. T. sahidica cum fragm. ep. ad Timoth. 4. Hafn. 1789.

OWEN Account of the LXX vers. 8. Lond. 1787.

REUSCH Syrus interpres cum graeco coll. 8. Lips. 1742.

RICHTER De aetate libri Jobi 4. Lips. 1799.

SCHELLING de Marcione Paulin. Epist. emend. 4. Tubing. 1795.

SCHELLING De arab. Bibl. edit. 1752. V. Repert. or.

SCHELHORN De antiquiss. Bibl. edit. 4. Ulmae 1760.

SCHNURRER De Pent. arab. polygl. 4. Tubing. 1780.

SEEMILLER De graecis V. T. vers. P. duae 4. Ingolst. 1787-1788.

SIMON Histoire crit. des versions du N. T. 4. Rotterd. 1690.

SONNTAG Miculae authent. chald. 4. Altorf. 1703.

SPOHN Collatio vers. syr. in Isai. 4. Lips. 1785.

STORR Observ. super vers. syr. N. T. 8. Stutgard 1772.

STORR Notitiae Epist. Pauli ad Cor. 4 Tubing. 1788.

STORR De vers. syr. philox. evang. V. Repert. or.

TOURNEMINE De libris hist. V. T. V. Menochii Com.

VERNAZZA Observations sur une Bible anc. 8. Turin 1809.

WALD De arab. vers. Dan. V. Repert. or.

WOLFII De mss. cod. et edit. bibl. V. ej. Bibliot. hebr.

ZEIBICHII De chald. Paraph. Diss. duae 4. Vitemb. 1737.

XXII

TRATT. DI CRIT. SACRA, DEI MSS. E DELLE VAR. DELLA BIBBIA.

ADLER Judaeorum codicis sacri scrib. leges 4. Hamb. 1779.

ADLER Iter bibl. crit. Rom. germ. 8. Altonae 1783.

ADLER N. T. Versiones syr. cum tab. aen. 4. Hafniae 1789.

ALTER Variae lect. V. T. V. Biblia.

AURIVILLII Dissertationes phil. or. 8. Gotting. 1790.

BANDINI Diss. sull'ant. Bibbia Amiatina 4. Ven. 1786.

BANDINI Illustraz. di due Evang. greci 4. Ven. 1787.

BAHRDTII Obser. circa codd. mss. hebr. 8. Lips. 1770.

BAHRDTII De Dresdensi cod. ms. heb. bibl. 4. ib. 1767.

BAVER Critica sacra V. T. 8. Lips. 1795.

BAVER Scholia in V. T. V. Schulzii.

BAVER Notitia cod. ms. Vulg. V. Repert. or.

BAUR De limitibus crit. text. heb. 4. Tubing. 1760.

BIRCH Proleg. ac V. lect. Evang. V. Biblia.

BLANCHINI Vindiciae can. Scrip. fol. 2 voll. Romae 1740.

BOHN De restituendo cod. heb. bibl. 4. Jenae 1770.

BOOTII Vindiciae pro heb. veritate 4. Paris. 1653.

BRUNS De libello contra Kennic. 8. Romae 1772.

BRUNS De edit. syr. N. T. etc. V. Eichorn. Repert.

BRUNS Index locorum Kennic. jussu collat. ib.

BRUNS De var. lectionibus Bibl. Kenn. ib.

BRUNS Exc. ex mss. ch. ibid.

BUKENTOP Lux de luce de V. L. Vulg. 4. Brux. 1710.

BUXTORFII Tiberias seu com. masor. 4. Basil. 1620.

CAPELLANI Mare rabbin. infidum in Crenii Thesauro.

CAPELLI Critica sacra 8. 3 voll. Halae 1777.

CARPZOVII Critica sacra V. T. 4. Lipsiae 1748.

CLERICI Ars critica in 8. 2 voll. Amstel. 1697.

DATHE De difficultate crit. in V. T. 4. Lipsiae 1762.

DE-ROSSI Specimen var. lect. ex cod. Pii VI cum var. Diss. 8. Romae 1782.

DE-ROSSI Specimen V. L. cum nova praef. 8. Tubing. 1782.

DE-ROSSI Variae lectiones V. T. ex immensa mss. editorumque codd. congerie cum Proleg. 4. maj. 4 voll. Parmae 1784-1788.

DE-ROSSI Scholia critica in V. T. lib. seu Suppl. ad V. lect. 4. maj. ib. 1798.

DE-ROSSI Compendio di critica sacra 8. ib. 1811.

DE-ROSSI Diatriba de ms. cod. syr. V. Biblia.

DOEDERLEIN Scholia in lib. V. T. poet. 4. Hal. 1779.

DOEDERLEIN Observ. in Hexapla V. Eich. Repert.

DRESDE Biga comm. in crit. heb. text. 8. Lipsiae 1773.

DRESDE De Bibl. heb. Norzii ac V. L. 4. Viteb. 1774.

DRUSII Quaestionum hebr. libri 8. Heyns. 1599.

ELIAE Levitae Masored seu Masora heb. 4. Ven. 1538.

— Idem lib. cum lat. vers. Munsteri 8. Basil. 1539.

Amendue rariss. Simon *Biblio. crit.* T. II p. 205, Wolf. T. I p. 157, i miei *Ann.*, e il *Diz. degli aut. ebr.* T. I p. 108.

— Idem lat. ex vers. Nagel cum var. Disp. 4. Altorf. nor. 1757–1771.

FISCHERI Prolusiones in loca sacr. lib. 8. Lips. 1779.

GRIESBACHII Variae lect. N. T. V. Biblia.

GUTBIRII Notae crit. in N. T. syr. 8. Hamb. 1667.

HORNEMAN Specimen crit. in LXX ex Phil. in 8. Gotting. 1773.

HORNEMAN Spec. II cum Diss. de Canone V. T. et V. L. 8. Havn. 1776.

HOUBIGANT Notae crit. in V. T. et Proleg. 4. 2 voll. Francof. M. 1777.

HVFNAGEL Spec. V. L. ex Bibl. Nissel. 4. Erlang. 1777.

JACOBI De fragm. cod. bibl. heb. 4. Altorf. 1772.

KENNICOTTI Dissertationes de heb. textu 8. 2 voll. Lips. 1756-1765.

KENNICOTT The state of the collation 8. Oxford 1765-1767.

KENNICOTTI De statu collat. heb. codd. 8. Oxon. 1765.

KENNICOTT The ten annual Accounts 8. Oxford 1770.

KENNICOTTI Variae lect. et Diss. gen. V. Biblia.

KENNIC. Account of Kenn. Bible 8. Lond. 1776.

KENNICOTTI Epist. ad Michaelis de cens. Bibl. 8. Oxon. 1777.

KENNICOTTI Diss. general. in V. T. cum Bruns. not. 8. Brunov. 1783.

KNAPP De Vers. alexandr. ad emend. hebr. Partes 2 4. Havn. 1775–76.

KOEHLERI Obs. de heb. mss. V. Repert. or.

LESS De cura hod. text. heb. 8. Hal. 1763.

LETTE Animad. sacrae ad text. heb. 8. Lugd. B. 1759.

LETTRES de M. l'Abbé ex-professeur à M. Kennicott 8. Paris 1771.

LICHTENSTEIN Programma 2 codd. heb. 4. Helmst. 1776.

LICHTENSTEIN Programma cod. Helmst. V etc. 4. ib. 1777.

LICHTENSTEIN Paralipomena critica codd. heb. Helmst. 4. ibid. 1799.

LILIENTHALII Commentatio 2 codd. heb. Regiom. cum V. L. 8. Regiom. 1770.

LONZANO Scetè jadòth, Duae manus, 4. Ven. 1618.

Rariss. Simonio *Hist. crit. du V. T.* p. 542, *Biblio. crit.* T. I p. 364. e *Lett. chois.* T. I p. 25, Wolfio T. I p. 765, Vogt p. 458, e il mio *Diz. degli aut. ebr.* T. II p. 14.

LUCAE Brugensis Notationes in Biblia et var. loca 4. Antw. 1580.

MASORA, seu Notae crit. V. Biblia.

MATTHAEI V. Lect. et notae in N. T. gr. V. Biblia.

MATTHAEI Animad. ad Orig. Hexapla V. Eich. Repert.

MEGERLINI Commendatio novi operis masor. 4. Francof. M. 1766.

MICHAELIS J. H. Diss. de codd. Erfurtensib. in 4. Hal. Magd. 1706.

MICHAELIS Annot. et V. lect. V. Biblia.

MICHAELIS Dav. Notitiae et Var. Lect. V. ej. Bibliot. or.

MINGARELLI Graeci codd. Naniani in 4. maj. Bononiae 1784.

MONTFAUCON Origenis Hexapla fol. 2 voll. Paris. 1713

MOREL Elemens de critique 8. Paris 1766.

NAGEL De 2 codd. Norimb. 4. Altorfi 1769.

NAGEL De 3 codd. hebr. 4. ibid. 1749.

NAGEL De 3 mss. hebr. Frag. 4. ib. 1770.

NAGEL Masorae Lib. lat. V. Eliae Lev.

NEIDHART Obs. in V. L. codd. Helmst. 4. Hal. sal. 1766.

NORZI Com. crit. Minchad scai V. Biblia.

OBERLINI Miscella litteraria de hebr. mss. in 4. Argent. 1770.

ORIGENIS Hexapla V. Montfaucon.

PFAFTII De genuinis N. T. lectionibus 8. Amst. 1709.

PFEIFFERI Critica sacra 8. Dresdae 1680.

POCOCKII Notae in Port. Mosis V. Theol. jud.

RAVII Exercit. in Houbig. Proleg. Part. 2 4. Traj. ad R. 1762-1765.

RECENSIO duorum fragm. heb 4. Gissae 1775.

REINHARD De Vers. alex. usu in heb. 4. Vittemb. 1777.

REY Liber masorae heb. 4. Ven. 1607.

ROSENMULLER Scholia in V. T. 8. maj. 5 voll. Lips. 1789-1793.

SACY Notice d'un ms. syr. du Pentat. in 8.

SCHARFENFERG Animadv. in fragm. Vers. graec. V. T. in 8. Lips. 1776.

SCHELLINGII Descriptio ms. cod. Bibl. cum V. L. 8. Stutgard. 1775.

SCHIEDE Biga obs. sacr. de codice bibl. heb. Casselano 8. Brem. 1748.

SCHNURRER De heb. codd. aetate determinanda 4. Tubing. 1772.

SCHNURRER Dissertationes philol. simul editae in 8. 1790.

SCHULZII Recensio Bibl. Brix. germ. 8. 2 voll. Berol. 1764-1766.

SCHULZII Recens. heb. frag. Giess. P. duae 4. Giessae 1775.

SCHROEDERI Oratio de Caussis critices V. T. 8. Groning. 1787.

SCHULZII Scholia crit. in V. T. 8. 3 voll. Norimb. 1783-1785.

SCHULZII Schol. Continuatio Baveri 8. 6 voll. ib. 1790-95.

SEMLERI De observandis hebraic. mss. membranis 4. Hal. Magd. 1764.

Sixti Frag. sacri cod. hebr. Descriptio 4. Altorf. 1772.

Starckii Sylloge commentation. philol. 8. Regiom. 1769.

Starckii Davidis Carmina ex mss. codd. et ant. vers. illustr. 8. 2 voll. ibid. 1776.

Steuchi V. T. ad heb. verit. Recognitio 8. Lugd. 1531.

Storr Suppl. ad Westenii V. L. ex Philox. vers. V. Eich. Repert.

Telleri De Judicio sup. var. lect. codicis heb 4. Lips. 1757.

Telleri Dissertationes de heb. text. lat. V. Kennicott.

Traegard De discrepantiis heb. T. et LXX 4. Gryphiswald. 1772.

Trendelenburg Chrestomathia hexapl. V. Biblia.

Todros Liber Masored, seu Masorae heb. f. Florent. 1750.

Tychsen Tentamen de variis codd. heb. V. T. generibus 8. Rostoch. 1772.

Tychsen Befreites Tentamen ab obj. vindic. germ. in 8. ibid. 1774.

Tychsen Append. ad Tentamen liberatum 8. ib. 1776.

Tychsen V. Lectiones bibl. ex ms. Com. Jarchì V. Eich. Repert.

Viterbo Em lemasored, Com. in Masoram, 4. Mant. 1745.

Vogel Observationes crit. in text. hebr. V. T. 4. Hal. sal. 1770.

Vogel Programma de corrigendo heb. textu in 4.

Vogel Descriptio mss. codd. Helmst. V. Kenn. Diss. latinae.

Vogel De conjecturae usu in crisi N. T. 4. Altorfi sine a.

Wald Spicilegium V. L. codd heb. V. T. Vratislav. in 4. Lips. 1784.

Westenii Variae lect. et notae crit. in N. T. graec. V. Biblia.

Woidii Notitia cod. Alex. gr. cum V. Lect. et not. Spohn 8. Lips. 1788.

XXIII

TRATTATI DI CRIT. SACRA NE' LIBRI O LUOGHI PARTICOLARI.

Abicht De restituendis duobus Josuae versibus 4. Lips. 1714.

Adler Additamenta ad Hexapl. in Psal. in Eichorn. Rep.

Andler Animad. phil. crit. ad Vatic. Michae 4. Tubing. 1783.

Anton Nova 1 Sam. VI 19 interp. ratio 4. Viteb. 1780.

Anton De metro heb. antiquo Psalmorum 4. Lips. 1770.

Anton Psalmorum editionis Specimen 8. Viteb. 1780.

Arnoldi Observat. ad quaedam Isaiae loca 4. Marpurg. 1796.

Baver Animadvers. crit. in Michaeam 4. Altorf. 1790.

Bode Protevangelium Gen. III 4. Helmst. 1763.

Borrichii Specim. exerc. in Isaiae fragm. Ephraemi 8. Havn. 1793.

Bruns Obs. in V. L. Cottoniani ms. germ. in Eich. Rep.

BRUNS Curae hexapl. in Lib. IV Regum ibid.

CARMELI Risposta al lib. Animad. in heb. Exodi lib. 8. Padova 1744.

COMMENTARII crit. in Prov. Specim. 4. Gotting. 1790-1794.

COMORETTI De Cod. Evangel. D. Marci 4. Prag. 1780.

DAHLER Animadv. criticae in Prov. 8. Argent. 1785.

DATHE Disput. in Aquilae Reliq. Hoseae 4. Lips. 1757.

DE Loco difficili Matthaei XXIII 35 Diss. 4. Gotting. 1802.

De MAGISTRIS Dissert. et Notae in Daniel. V. Biblia.

DIEDERICHS Specimen V. L. codicum Erfurt. in Psal. 4. Gotting. 1775.

DOBROWSKI Fragm. Prag. Evang. D. Marci 4. Prag. 1778.

EICHORNII Observ. in Jeremiam in ej. Repertorio.

FABER Comm. in Malachiam 4. Onoldi 1779.

FABER Com. criticus in loca Habacuci Partes 2 4. ib. 1779.

FRISCHII Anim. Torelli in heb. Exodi lib. examinatae 4. Lips. 1746.

HAELEIN Observ. crit. ad loca V. T. Specimen in Psal. 8. Goett. 1788.

HAPPACH Bethsem. cladis nova Explictiao Partes tres 4. Coburg 1774.

HARTER Disput. philol. in Ps. VII. 4. Tubing. 1786.

HEZEL Orion in var. loca S. Script. germ. 8. Giessae 1790.

HOEPFNERI Curae crit. in LXX vers. Jonae Spec. duo 4. Lips. 1787.

HUFNAGEL Disser. super I Sam. VI 19 4. Erlang. 1777.

HUFNAGEL Animadver. ad quaed. loca Jobi Partes duae 4. ib. 1778-79.

HUFNAGEL Diss. super. Psal. II 4. ib. 1786.

HUFNAGEL Diss. sup. Psal. XVI 4. ib. 1787.

HUFNAGEL Diss. sup. Psal. XXII 4. ib. 1788.

HUFNAGEL Notae crit. in Job V. Biblia.

HUFNAGEL De Scilò V. Repert. or.

JAEGER Observ. sacrae in Alex. Vers. Prov. 8. Meldorpi 1788.

KENNICOTT A Sermon with notes in Psalms 8. Oxford 1765.

KENNICOTT Remarques crit. sur I Sam. VI 19. in 8. ib. 1768.

KENNICOTT Observations on the first book of Sam. VI 19 8. ib. 1768.

KENNICOTT Notae crit. in Psal. cum Brunsii not. 8. Lips. 1772.

KLEMMII Locorum Pent. Vindiciae 4. Tubing. 1731.

KOCHERI Vindiciae textus heb. Isaiae adv. Lowth. 8. Bern. 1786.

KOECHERI Stricturae antimasor. ad lib. Judic. 8. Jenae 1780.

KOFOD Com. Chabacuci V. Biblia.

KOEHLERI Observ. crit. in Psal. V. Repert. or.

KOEHLERI Observ. crit. ad Eccle. ib.

KOEHLERI Obs. in Obad. ib.

KYPKE De integr. Gen. XLVI 4. Hal. Magd. 1744.

LEISTE Observationes ad Jeremiam. Spec. I 8. Gotting. 1794.

LOESTEIN Observ. crit. in loca Pent. illustria 8. Giess. 1787.

MECONI Diss. de perfossione aurium Psal. XXXIX 7 8. Montefal. 1792.

MICHAELIS Dav. Observationes phil. crit. in Jerem. 4. Goett. 1793.

MULLER Observat. crit. ad Isaiam 4. Argent. 1782.

MULLER Jo. Ad. Disquisitio de I Sam. VI 19 germ. 8. Hof. 1777.

NAGEL Diss. in Var. Lect. Jeremiae ex 2 mss 4. Altorf. 1772.

PAULUS Observ. phil. crit. in Vatic. Isaiae 4. Tubing. 1781.

PFAFENKUCHE Exercit. phil. crit. in Eccle. 8. Gotting. 1794.

POCH Del Pent. Napol. del 1491 e saggio di varianti 4 Roma 1780.

REISKE Conjecturae in Job et Prov. et Oratio de ling. arab. 8. Lips. 1779.

RICHTER Recitatio philol. super Psal. XLV. 8. Lips. 1796.

RIEDEL Diss. in loca diffic. Eccle. 4. Hal. Magd. 1768.

ROSENAVER Disput. inaug. in Nehem. 4. Altorfi 1772.

SCHARFENBERG Specimen animad. in Dan. 8. Lips. 1774.

SHEIDII Spec. I et II philol. crit. in Isaiam 4. Harderovici 1779.

SHELLINGII Animadv. in loca diffic. Isaiae 8. Lips. 1797.

SCHNURRER Diss. in Cant. Deborae 4. Tubing. 1775.

SCHNURRER Observationes ad loca quaed. Prov. 4. ib. 1776.

SCHNURRER Animadv. ad loca Psal. Fasc. duo 4. ib. 1777-1778.

SCHNURRER Diss. in Psal. X. 4. ib. 1779.

SCHNURRER Animadv. ad Loca Jobi Fasc. duo 4. ib. 1781-1782.

SCHNURRER Disp. ad Psal. LXVIII 4. ib. 1784.

SCHNURRER Disp. in Isai. XXVII 4. ib. 1785.

SCHNURRER Disp. ad Carm. Chabacuci 4. ib. 1786.

SCHNURRER Disp. ad Obad. 4. ib. 1787

SCHNURRER Disp. ad Ezech. XXI 4. ib. 1788.

SCHNURRER Disp. ad Psal. CXVII 4. ib. 1789.

SCHNURRER Disp. ad Psal. LXXVIII 4. ib. 1790.

SCHNURRER Obser. ad Vatic. Jerem. Partes IV 4. ib. 1793-1797.

SCHLEUSNER Curae hexapl. in Psal. 4. Gotting. 1785.

SCHLEUSNER Curae crit. in Threnos Jer. in Eich. Repert.

SCHROEDERI Obser. crit. in diff. loca Psal. 4. Lugd. B 1781.

STANGE Anticritica ad locos quosd. Psalm. 8. Lips. 1791.

STORR Diss. crit. de Evangeliis arabicis 4. Tubing. 1775.

STRIDSBERG Examen not. crit. Houbig. in Psal. 4. Gotting. 1778.

TORELLI Animad. in heb. Exodi lib. et Vers. LXX. 8. Veron. 1744.

TRENDELEMBURG Collatio I Machab. cum Vers. syr. in Eich. Repert.

VELTHUSEN Annotat. phil. ad Isai. fasc. duo 4. Kilonii 1777.

VELTHUSEN Sermones Elihu ex Job P. duae 4. Rostoch. 1789–1790.

WALD Curae in Hist. textus Dan. 4. Lips. 1783.

ZEFFEL Vindiciae Hebal Deut. XXVIII 4 in 4. Halae Magd. 1766.

XXIV

CONCORDAN. CONCILIAT. DIZION. DELLA BIBBIA.

AQUILA Dizionario biblico 8 4. voll. Ven. 1775.

BUXTORFII Concordantiae heb. et chald. fol. Basil. 1632.

CALMETI Dict. bibl. et Biblioth. sacr. f. 2 voll. Ven. 1766.

CUMIRANI Conciliatio locorum S. Script. 8. Ven. 1555.

CANINII De locis S. Script. hebr. 8 Antw. 1600.

HUGONIS Sacr. Bibliorum Concordantiae lat. f. Ven. 1770.

MENASSÈ ben Israel Conciliator locorum S. Script. hisp. 4. 4 voll. Francof. et Amstel. 1632-1651.

L'opera più insig. e più rara del n. a. quando è intera. V. il Mullero, il Saltenio, il Reimanno, la *Bibl. Thomas.*, la mia *Bibl. giud. anticr.* p. 65, *Della vana aspett.* p. 32, e il *Diz. degli autori eb.* T. II pag. 52.

PITHAEI Mosaicar. et rom. legum Collatio 4. Basil. 1574. Rariss.

NATAN Meir nediv, seu Concordantiae hebr. fol. Ven. 1523.

STEPHANI Hebraea chald. gr. lat. Nomina bibl. 8. Paris. 1537.

XXV

COMMENTATORI DELLA BIBBIA EBREI.

AARON ben Chaiim Lev aaròn, Comm. Josuae V. Bibl.

ABEN EZRA Comm. in Pent. fol. Neapoli 1488.

Prima ediz. rariss. V. gli *Ann. del XV sec.* pag. 58.

ABEN EZRA Comm. in Pent. in fol. CPoli 1514.

ABEN EZRA Commentarii varii S. Script. V. Biblia.

ABICHT R. Isaiae Comm. Josuae cum lat. vers. ac not. 4. Lips. 1712.

ABRABANEL Comm in Pentat. fol. Ven. 1579.

ABRABANEL Marchèved misnè, Com. Deuter. fol. Sabion. 1551.

Molto raro. V. i miei *Ann. di Sabioneta* p. 9, la *Bibl giud. antic.* p. 11, e il *Dizion. degli aut. ebr.* T. I p. 23.

ABRABANEL Comm. in Prophetas prior. ac poster. V Bibl.

ABRABANEL Majené ajescuà, Fontes salutis, Com. Dan. 4. Ferrar 1551.

Rariss. V. il Buxtorfio, il Mullero, il Freitag, il Clement, il mio lib. *De Typ. heb. Ferr.* p. 18 e 21, la cit. *Bibl. giud.* p. 10, e il *Dizion. degli aut. eb.* T. I p. 24. Manca il titolo.

ABRABANEL Majenè ajescuà, Com. Dan. 4. Amst. 1647.

ABRABANEL Com. Isai. Vide Empereur.

ABRABANEL Diss. variae V. Buxtorfii.

AJASCAR, Lib. recti, Com. Josuae ac Jud. 8. Firdae 1761.

ALKABETZ Com. Cant. Ruth Esth. V. Biblia.

ALMOSNINO Com. V Megh. V. Biblia.

ALSEK Com. Psal. Prov. et V Megh. V. Biblia.

AQUINO Scholia Jarchii in Esther heb. lat. 4. Paris. 1622.

AQUINO Gersonidis Com. in Job heb. l. 4. ib. 1623.

ARAMA Is. Akidàd itzchàk, Com. Pent. fol. Ven. 1573.

ARAMA Is. Meir teilòth, Com. Psalm. V. Biblia.

ARAMA Meir Urim et tumìm, Com. Isai. et Jer. 4. Ven. 1603.

ARAMA Com. in Job V. Bibl.

ARIPOL Com. Cant. V. Biblia.

ASCER (ben) Comm. in Pent. 4. min. CPoli 1514.

— Idem V. Bibl. Ven.

ASKENAZI Com. Esther Vide Biblia.

ATIA Com. Psal. V. Biblia.

BABANI Jascres iaakov, Com. Pent. 8. Norimb. 1768.

BECHAI Comm. in Pent. fol. Pisauri 1507

— Idem fol. Pisauri 1514.

Amendue rari. V. il *Dizionario degli autori ebrei* T. I p. 63.

BREITHAUPTI Jarchii Comm. in S. Script. lat. versi 4. 3 voll. Gothae 1713.

CHIVAN Com. Psal. V. Bibl.

COEN Com. Prov. et Job V. Biblia.

CONZIO Divrè esther, Com. Esther 4. Cherii 1628.

COMM. Ps. CXIX fol. Thessal. sine anno.

DUBAN Com. Prov. V. Bibl.

EMPEREUR Abraban. et Alsekì Com. Esai. cum lat. v. 8. Lugd. B. Elzevir. 1631.

GALANTE Com. Eccle. et Thren. V. Biblia,

GALIKO Comm. in Eccle. 4. Ven. 1578.

GALIKO Com. Cant. V. Bibl.

GERSONIDIS Comm. in Pent. fol. sine anno et loco.

Primaria edizione fatta in Mantova verso il 1476. V. gli *Ann. del XV sec.* pag. 111.

GERSONIDIS Comm. in Pent. fol. Ven. 1547.

GERSONIDIS Comm. in Job 4. min. an. 1477.

In Ferrara. V. *De Typ. heb. Ferr.* p. 15, e gli *Ann. del sec. XV* p. 12.

GERSONIDIS Com. in Job heb. lat. V. Aquino.

GERSONIDIS Comm. in Dan. 4. sine an. et loco.

Da me scoperto di prima rarità e età. V. i sud. *Annali* p. 124.

GERSONIDIS Com. in Proph. priores et al. libros V. Biblia.

GIGGEI Com. Isaacidis, Aben Ezrae et Gers. in Prov. lat. 4. Mediol. 1620.

GOMPEL Com. Eccle. V. Bibl.

JACHIA Comm. in Agiographa fol. Bonon. 1538.

JANVIER Kimchii Com. in Psalt. lat. 4. Paris. 1666.

JARCHÌ Comm. in Pent. fol. Regii Calabriae 1475.

Primo libro ebr. stampato da me scoperto di estr. rarità ed es. unico, ma mancante di due fogli. V. gli *Ann. del XV sec.* p. 3, e il *Diz. degli aut. ebr.* T. I p. 163.

JARCHÌ Comm. in Pent. 4. maj. sine anno et loco.

Di prima età e rarità. V. i sud. *Annali* p. 124 e il *Dizion.* c. l.

JARCHÌ Comm. in Pent. fol. Soncini 1487.

JARCHÌ Comm. in Pent. ex ead. edit. exemplar membr.

Non men raro. V. gli *Ann.* p. 51.

JARCHÌ Comm. in Pent. 4. Arimini sine anno.

JARCHÌ Comm. in Pent. 4. Amst. 1644.

JARCHÌ Comm. in Pent. V. Pent. Bonon., Sorae, Ulyss., Neap. et alios.

JARCHÌ Comm. var. in Script. V. Biblia.

JARCHÌ Comm. S. Script. latine. Vide Breithaupt.

JARCHÌ Comm. in Agiogr. V. Agiogr. Neap. 1487 et alia.

ISAIAE Com. Jud. et Sam. V. Biblia.

IMMANUEL Com. Prov. V. Prov.

ISRAEL Divré chachamìm, Com. Pent. 8. Jesnitz 1726.

KARO Toledòth ìtzchak, Com. in Pent. in folio Mant. 1558.

KAV venakì Com. Prov. V. Biblia.

KIMCHÌ Comm. Isaiae ac Jerem. fol. sine anno et loco.

Sconosciuta ed. di prima età e gr. rarità. V. gli *Ann. del XV sec* p. 119.

KIMCHÌ Comm. in Prophetas priores ac poster. V. Biblia.

KIMCHÌ Comm. in Isai. lat. V. Malanim.

KIMCHÌ Comm. in Psal. V. Biblia.

— Idem lat. V. Janvier.

LANIADO Com. Cant. Vide Biblia.

LATAS Com. Medras 4. Cherii 1629.

LONDIN Lib. Istaaròth in 4. Amst. 1737.

MALANIMEI Kimchii Comm. in Isai. lat. 4. Flor. 1774.

MANOACH Com. Pent. V. Bibl.

MECHILTÀ Com. in Exod. fol. CPoli 1515.

MEDRAS rabbòth, Com. Pent. fol. CPoli 1512.

MEDRAS rabbòth cum Megh. fol. Ven. 1545.

MEDRAS rabb. f. Ven. 1603.

MEDRAS Samuel cum Quaes. Saadiae fol. CPoli 1517.

MEDRAS V Meghilloth, seu Cant. etc. fol. Pisauri 1519.

MEDRAS V Meghilloth in fol. CPoli 1520.

MEDRAS Megh. f. Ven. 1545.

MEDRAS Teilim, Com. Psal. fol. CPoli 1512.

MEDRAS Teilim, Mislè, Samuel, Com. Psal. Prov. Sam. fol. Ven. 1546.

Le ed. di CP. e di Pesaro sono rare.

MEIRI Com. Prov. V. Bibl.

MELECH (ben) Michlol jofi, Comm. in Script. f. CPoli 1554.

Prima ed. rariss. V. il Simonio *Lett. chois.* T. I p. 229, il Wolfio T. I p. 1075, III p. 1051 e IV p. 175, il Crevenna *Cat.* in 8. T. I p. 50, e il mio *Dizion. degli aut. ebr.* T. II p. 48.

MISRACHÌ Comm. in Pent. fol. Ven. 1574.

MONTINI Jarchii, Ab. Ezrae et Kimch. Com. in Agg. I cum l. vers. 4. Lond. Goth. 1705.

NACHMANIDIS Com. in Pent. fol. maj. sine anno et loco.

Di prima età estr. raro. V. gli *Annali del XV sec.* p. 122.

NACHMANIDIS Comm. in Pent. fol. 2 voll. Ulyssip. 1489.

NACHMANIDIS Comm. in Pent. fol. sine l. sed Neap. 1490.

Tutte e due rariss. V. i detti *Ann.* p. 64 e 71, e il *Diz. degli aut. ebr.* T. II pag. 70.

NACHMANIDIS Comm. in Pent. fol. Pisauri 1514.

NACHMANIDIS Com. Pent. et in Job V. Biblia.

OSEIDA Com. Ruth et Thr. V. Biblia.

PENINI Lescòn zaav, Com. Psal. 4. Ven. 1599.

PERITZOL Com. Job V. Bibl.

PORTO Minchà belulà, Com. Pent. 4. Ven. 1594.

REKANATI Comm. Pent. 4. maj. Ven. 1523.

SAADIA Comm. Dan. V. Bibl.

SARSA Mekor chaiim, Comm. Pent. fol. Mant. 1589.

SCELOM esther, Com. Esther 8. CPoli sine anno.

SFORNO Comm. Pent. 4. Ven. 1567.

SFORNO Comm. Cant. et Eccle. 4. ib. 1587.

SFORNO Com. Psal. V. Biblia.

SIMEONIS Comm. Esd. Neh. Paralip. V. Biblia.

SOHEV Com. in Thren. V. Biblia.

SOHEV Sermones in Pent. in fol. CPoli 1523.

TAMACH Com. Cant. V. Bibl.

TANCHUM Com. arab. Spec. 4. Tubing. 1791.

TANCHUMA Comm. in Pent. fol. CPoli 1522.

Primaria ed. rarissima.

VALERIO Com. Esth. et Dan. V. Biblia.

XXV

COMMENTATORI DELLA BIBBIA CRISTIANI.

ADLER Matthaei et Marci Enunciata ex syr. 4. Havn. 1784.

ARDITO Epifanía degli dei, o Quist. bibl. 8. Nap. 1788.

BAVER Spec. obs. ad cod. sacri loca ex Alcor. 4. Altorfi Nor. 1775.

BOOTII Animadvers. sacrae ad T. hebr. 4. Lond. 1644.

BORRICHII Spec. exerc. in Isai. ex Ephr. 8. Havn. 1793.

BUTTINGHAUSSEN Spec. horarum heb. et arab. in V. T. 8. Traj. 1758.

CALMETI Comm. in S. Script. V. Biblia.

CASTELLIONIS Annotationes ad S. Biblia 8. Lips. 1738

CLERICI Com. in S. Script. V. Biblia.

COMMENTATIO de Protevangelio 4. Tubing. 1789.

COMMENTATIO de imaginibus judaicis P. duae 4. Jen. 1791-1792.

COSTERI Vindex loci Gen. III 15 in Crenii Thesauro.

DE TEMPORE itin. D. Pauli ad Gal. II. 4. Lips. 1798.

DINDORFII Programma de nomine Koeleth 4. Lips. 1791.

DRUSII Scholia in Esth. V. Biblia.

FLATT Annotationes in Ep. ad Ephes. 4. Tubing. 1803.

FLATT Annot. ad loca quaed. Ep. ad Rom. 4. ib. 1801.

FIGUEIRO Com. in Lament. Jerem. et Malach. 8. Lugd. 1596.

FORERII Com. Isaiae V. Bibl.

FREILINGHAESEN Oratio de genuinis filiis Abrahae 12. Hal. 1731.

FRISCHMUTI De ligatione Isaaci Diss. 4. Jenae 1666.

HIERONYMI Comm. in var. libros V. Biblia.

HACKSPANII Miscellanea sacra in Crenii Thesauro.

JANSENII Tetrateuchus seu Com. in Evang. 4. Lugd. 1676.

KOENIGSMANN Prolusio de mundi creat. ex sacr. litteris 4. Slesvici 1798.

KVINOEL Obs. ad N. T. ex libris Apocr. V. T. 8. Lips. 1794.

LEVNE Diss. philol. in Gen. XX 6 in 4. Gissae 1781.

MAERKLINI De Sermone Dei ad Jobum 4 Tubing. 1777.

MAII De Haustu aquarum salutis ad Isai. XII 3 in 4.

MALDONATI Com. in Jerem. Ezech. et Dan. 4. Mogunt. 1611.

MARINI Annot. in Psal. V. Biblia.

MASII Com. Josuae V. Biblia.

MATANI Lettera sulla parola sela dei Salmi 8. Lucca 1767.

MENOCHII Com. in S. Scrip. cum Prol. etc. fol. 3. voll. 1771.

MICHAELIS De Hebdomadibus Danielis 8. Lond. 1773.

MINGARELLI Explanatio sex Cantic. V. Biblia.

MUNSTERI Comm. in S. Script. V. Biblia.

NEBRISSENSIS Quinquagena seu L. loca S. Script. explanata V. Caninii.

OCHINI Expositio Ep. d. Pauli ad Rom. 12. Aug. Vind. s. a. E' nota la rarità delle opere dell'Ochino. Di questa V il Vogt p 496.

PASINI Dissertationes sel. in Pent. 4. Aug. Taur. 1722.

PERERII Comm. in Dan. V. Biblia.

PINEDA Com. in Eccle. et Job. V. Biblia.

POLI Synopsis critic. sacr. fol. 5 voll. Francof. ad M. 1712.

POTT Commentatio de ant. documento Gen. II et III 8. Helmst. 1796.

PRODECANI Tubing. Annot. ad Galat. III 4. Tubing. 1804.

RAMIREZ de Prado Pentecontarchus in var. S. Script. loca 4. Antv. 1612.

Roos Observationes ad diff. loca Hoseae 4. Erlang. 1780.

SCHELLING De ant. philosophemate Gen. III 4. Tub. 1792.

SCROEDERI Diss. de voce Abrech Gen. XLI 4. Marpurgi Catt. 1719.

SCOETGENII Horae hebr. et talmud. in N. T. 4. Dresdae 1733.

SCHULZE Deus Mosis et Homeri comparat. 4 Lips. 1799.

STARCKII Notae in loca diffic. Pent. Jos. et al. lib. 4. Lips. 1714.

STORR Diss. in libros hist. N. T. 4. Tubing. 1790.

STORR Diss. in Matth. 4. ib. 1794.

STORR Disp. altera in Apoc. 4. ib. 1796.

STEUCHI Enarrationes in lib. Job 4. Ven. 1567.

SUSKIND Symbolae ad N. T. loca Partes duae 4. Tubing. 1800-1803.

TRENDELENBOURG De morte Saul et Threno Dav. 8. Gotting. sine anno.

UHLAND Annotationes in Hoseam Partes XI 4. Tubingae 1785-1795.

XXVII

TRATTATI DI FILOLOGIA E MATERIE BIBLICHE.

ABICHT Vindiciae usus accentuum 4. Lips. 1713.

BIANCONI De antiquis litteris hebr. 4. Bonon. 1748.

BUXTORFII fil. Dissertationes phil. de ling. heb. 4. Basil. 1662.

BUXTORFII nep. Catalecta philol. 8. Basil. 1712.

BUXTORFII nep. Dissertationes varii argumenti 12. ib. 1725.

CANINII De locis S. Script. hebr. 8. Antw. 1600.

CELLARII Sciagraphia philologiae sacrae. 4. Jenae 1678.

DOBROWSKI De antiq. heb. characteribus 8. Prag. 1783.

DUPIN Diss. hist. et crit. sur la Bible T. 1 8. Paris 1711.

GALLICCIOLLI Fraseologia biblica 4. Ven. 1773.

GALLICCIOLLI Dell'ant. lezione degli ebrei 8. Ven. 1787.

GLASSII Philologia sacra cura Dathii in 8. 2 Voll. Lipsiae 1776.

GUDII Thesaurus phraseol. heb. bibl. 8. Lips. 1755.

HASSE De Ortographia hebraeorum 4. Regiom. 1787.

HUETII De optimo genere interpretandi etc. 8. Ven 1758.

LEUSDENI De dialectis N.T. 12. Lips. 1754.

LAMI De eruditione apostolorum etc. 8. Florent. 1738.

MEZGER Poesis hebr. 8. Rom. 1774.

PLATNER Poloynimia divina heb. 8. Aug. vind. 1764.

SACCHI Dell'antica lezione degli ebrei 8. Milano 1786.

SWARTZ De variis frumentis V. T. 4. Upsal. 1760.

TYCHSEN De locustis de Asso lib. et de locustis S. Script. 8. Rostoch. 1787.

VALPERGAE de Calusio De pronunciatione div. nominis cum auct. obs. 8. Parmae 1799.

WEIMAR Usus accentuationis bibl. 4. Jenae 1736.

WOLFII De agnitione ellipseos in sacr. libris Partes sex 4. Lips. 1800.

ZANOLINI Quaestiones sacrae Script. ex linguis or. 8. Patav. 1725.

XXVIII

ANTICHITÀ E RITI SACRI DEGLI EBREI.

ABRABANEL Zevach pesach, Sacrificium paschatis, cum Rosc amanà et Nachalad avòth. 4. maj. CPoli 1505.

ABRABANEL Zevach pesach 4. Cremon. 1557.

In carta turch. rarissimo.

ABRABANEL Jeh. Lecol chefetz 4. Ven. 1552.

ARIE seu Portaleonis Sciltè agghibborìm, Clypei fortium, fol. Mantuae 1612.

ARUBASC Lib. emed veemuna 16. Ven. 1667.

BECHAI Sulchan arbà, Mensa quadr. 4. Mant. 1514.

BECHAI Cad akkemach, Cadus farinae, fol. CPoli 1515.

BUXTORFII Synagoga judaica 8. Basil. 1712.

BUXTORFII De sponsalibus hebraeorum 4. ib. 1652.

CAPELLI Chronol. S. V. Polygl. Lond.

CHAIIM deBotzol Beer maim chaiim 12. Thessal. 1546.

COEN Bamoth baal, De cultu Baal, 4. Regii 1809.

COL BO in fol. sine anno et loco.

COL BO in 4. maj. sine anno et loco.

Il primo in Rimini, il 2 inSalonich.

DE-ROSSI Della Lingua propria di Cristo e degli ebr. Palestini 4 Parma 1772.

Uno de' pochi es. in carta gr. con fregi ad ogni pag. e rarissimo.

DIODATI De Christo graece loquente 8. Neap. 1767.

DIZIONARIO de' costumi e cirimonie relig. 8. 5 voll. Ven. 1784

EDOMÌM, seu de Rubeis Azariae Meor enaim, Lumen oculorum, 4. Mant. 1574.

Rara opera e più raro es. per le note mss. ed autografe di R. Leon da Modena.

FORSTERI Epistolae de geogr. ext. hebr. 4. Gotting. 1772.

GRADENIGO De siclo argenteo hebraeor. 8. Rom. 1766.

JEHUDAE f. Bin. Lib. Tania 4. Mantuae 1513.

JARCHÌ Likkutè pardes et alia op. 4. Ven. 1519.

IKENII Antiquitates hebraeorum 8. Bremae 1741.

JOSEPHI Flavii Opera graeco-lat. fol. Genev. 1611.

LEON Jeh. Tratado de los cherubim 4. Amst. 1654.

LEON Jeh. Tratado de la arca del testamento 4. ib. 1653.

LOSII De occultatione sacrorum librorum in 8. Helmst. 1736.

MARIANA De ponderibus et meus. V. Menochii Com.

MASSECHED purìm, Tr. sortium, 4. Pisauri sine anno.

MEDICI Riti e costumi degli ebrei 8. Ven. 1767.

MENASSÈ b. Israel Thesouro dos dinim, Thes. rituum, in 8. Amst. 1645.

MICHAELIS Geographia extera hebraeorum 4. 2 voll. Gotting. 1769-1780.

MODENA Leon Historia dei riti ebraici 8. Ven. 1687.

MODENA Leon Hist. dei riti eb. gallice V. Simon.

MURNER Ritus phase judaeorum 4. sine anno et loco.

NACHMANIDIS Torad adam, Lex hominis, fol. CPoli 1518.

NICOLAI De Sepulchris hebraeorum 4. Lugd. Bat. 1706.

NICOLAI De Siglis veterum 4. ib. 1703.

OTHONIS Lexicon rabb. philol. cum Tr. Scekalim in 8. Genev. 1675.

PAULI De judaeis Palaestin. graece locutis 4. Jenae 1803.

POLIDO Zicron purim, Memoria sortium 8. Liburni 1703.

RECKEMBERGERI Sacri judaeorum Ritus antiq. 8. Jenae 1740.

RIBOUDEALDI Sacrum Dei Orac. Urim et tumim 12. Gen. 1686.

SCHODER Hierozoici Specimina 8. 2 voll. 1784-86

SCHULZII Compendium archaeolog. heb. 8. Dresd. 1793.

SEILER Animadv. ad psycol. sacr. P. III 4. Erlang. 1780.

SELDENI De Diis syris V. T. 8. Lugd. Bat. 1629.

SIMON Ceremonies et coutumes des juifs etc. 8. Paris 1710.

STRYKII Leges forenses mosaicae 8. Bremae 1748.

TADINI Notizie stor. sul sinedrio degli ebr. 4. Aless. 1807.

TALMUDICI Tract. V. Talm.

TOURNEMINE Tabulae Vide Menoch. Comm.

TYCHSEN De judaicis Numis et sam. 8. Rostok 1779.

TYCHSEN De Numis heb. diatriba 8. ib. 1791.

TYCHSEN Physiologus syrus, seu Hist. animal. S. Script. syr. lat. 8. ib. 1795.

ULMER De Calendario veterum hebraeor. 4. Altorfi Nor. 1746.

WAENHERI Antiquitates hebraeor. 8. 2 voll. Gotting. 1743.

WARNEKROS De Palaestinae fertilitate V. Repert. or.

WEIL Liber Scechitod, de Mactationibus, 8. Mant. 1556. Membranaceo.

ZANOLINI Diss. de festis et sectis judaeor. 4. Ven. 1753.

ZANOLINI Eaedem. Diss. 12. Patav. 1729.

XXIX

TRATTATI DEL TESTO E VERS. SAMAR.

BIORNSTHALL Lettre sur le ms. tritaple V. Fabricy.

BIORNSTHALL Eadem Epistola lat. V. Eich. Repert.

DE-ROSSI Appendix de cod. tritaplo sam. V. ej. Specimen.

HOTTINGERI Exercitationes de Pent. samar. 4. Tiguri 1644.

LOBSTEIN Cod. samariticus Paris. 8. Francof. M. 1781.

MORINI Annot. in Pent. sam. et V. L. sam. V. ej. Opuscula.

MORINI Antiquitates eccl. or. ubi de Pent. sam., 8. Lond. 1682.

NOUVEAUX Ecclaircissemens sur le Pent. samar. 8. Paris 1760.

SACY De Vers. arabico-samar. Comm. in 8.

SACY Memoire sur la Vers. arab. des liv. de Moise à l'usage des samar. 4. Paris 1809.

SCHNURRER Spec. com. sam. in Gen. XLIX V. Eich. Repert.

SCWARTZ Exercitationes in utrumque samar. Pent. 4. Witteb. 1755.

TYCHSEN De Pentat. samarit. 4. Buetzov 1765.

VAN VLOTEN Specim. cod. ms. Pent. arab. samar. 4. Lugd. B. 1803.

WOKENII Diss. de utilitate novae Pent. samar. editionis 4. Witteb. 1728.

XXX

LIBRI CONTRO LA RIVEL. E LA S. SCRITTURA.

ABAUZIT Reflexions impartiales sur les Evangiles 8. Londr. 1773.

ACOSTAE Exemplar hum. vitae V. Limborch.

BIBLE (la) enfin expliquée 8. 2 voll. Londr. 1777.

BOLINGBROKE Examen important, 8. Londr. 1771.

BOULANGER Recherches sur le dispotisme orient. 12. 1766.

BOULANGER Le Christianisme devoilé 12. Londr. 1767.

BOULANGER Diss. sur Elie et Enoch 12. XVIII siécle.

COLLINS Discours sur la liberté de penser avec la lettre d'un medecin ar. 8. Lond. 1714.

CONFIDENCE Philosophique 8. Londr. 1771.

CONNOR (O) Evangelium medici de miraculis in bibliis memoratis 8. Ienae 1724.

Libro molto raro.

DAVID ou Hist. de l'homme selon le coeur de Dieu 8. Lond. 1768.

DE L'ORIGINE des principes religieux 8. 1768.

DISCOURS de l'empereur Julien contre les chretiens trad. par M. le marquis d'Argens 8. Berlin 1768.

DIEU et les hommes ouvr. theol. 8. Berlin 1769.

ENFER (L') detruit, ou Examen de l'eternité des peines 8. Lond. 1769.

EPÎTRE (L') aux Romains 8.

ESPRIT (L') du Judaisme, ou Examen de la loi de Moyse 8 Lond. 1770.

EVANGILE de la raison, qui contient le Catechis. de l'honnete homme, Examen de la religion, Saul et David, Sermon des cinquante, Sermon du rabin Akib, Sermon preché a Bale et le Testament de Meslier 8. 2 voll. 1769.

FRERET Examen crit. des apologistes de la relig. chret. 8. 1766.

FRERET Recherches sur les miracles 8. Lond. 1773.

HOMELIES prononcées a Londres en 1765 8. 1767.

PEYRERE Praeadamitae seu Primi homines ante Adamum conditi 4. 1655.

PEYRERE Systema theol. ex praeadamitarum hypothesi in 4. 1655.

PHILOSOPHIE (La) del'histoire 8. Amst. 1765.

PRECIS de l'Eccle. et du Cantique des cant. 12. Paris 1761.

QUESTIONS sur l'Encyclopedie 8. 3 voll. 1770.

QUESTIONS sur les miracles 8. Genev. 1767.

RAISON (La) par alphabet 8. 2 voll. 1769.

SPINOZAE Annotationes ad Tract. theol. polit. 4. Hagae com. 1802.

THEOLOGIE portative, ou Dictionn. abregé de la relig. chret. 8 Lond. 1775.

TOLAND Christianity not misterious 8. Lond. 1696.

Rariss. libro pubblic. abbruciato in Irlanda.

VEILLARD (Le) du mont Caucase, ou Refutation des Lettres de juifs portugais 8. Rotterd. 1777.

Il ritratto che porta in fronte di Voltaire, mostra che è opera sua, come sono molte altre delle precedenti.

XXXI

LIBRI APOLOGETICI DELLA RIVELAZIONE E S. SCRITTURA.

AUTHENTICITÉ (L') des livres du nouv. et de l'ancien Testament demontrée 8. Paris 1782.

BAHMAJER De miraculis N. T. 4. Tubing. 1797.

BERGIER Le Deisme refuté 8. 2 voll. Paris 1766.

BERGIER Apologie de la relig. chret. 12. 2. voll. ib. 1769.

BERGIER Certitude des preuves du christianisme 12. 2 voll. Paris 1771.

BONNET Ricerche filosof. su le prove del cristianesimo 8. Ven. 1770.

BULLET Reponses crit. aux difficultés des incredules sur les livres saints 8. 2 voll. Paris 1773.

CAMPIEN Methode pour discerner la veritable relig. et preuves de la verité de la relig. chret. 8. Lyon 1740.

DEFENCE des livres de l'anc. Testam. contre la Philosophie de l'hist. 8. Amsterd. 1767.

DICTIONNAIRE Antiphilosophique 8. 2 voll. Avignon 1771.

DITTON La religione cristiana dimostrata colla risurrez. di Cristo 4. 2 voll. Ven. 1773.

EINSENLHOR Argumenta ad confirm. relig. christ. verit. 4. Tubing. 1797.

FABRICY Des titres primitifs de la revelation V. Introduz.

FASSINII De apostolica origine Evangelior. adv. Freret. 4. Liburni 1775.

FASSINII Divinae Apocalypsis auctoritatis Vindiciae 8. Lucae 1778.

FRANCOIS Reponse aux difficultés proposées contre la religion chret. 8. Paris 1765.

GRIFFET L'insuffisance de la relig. naturelle 8. 2 voll. Liege 1771.

GROTII De veritate religionis christ. cum com. varior. 8. 3 voll. Halae Magd. 1740.

HALLER Lettres sur la révélation 8. Yverdon 1772.

HUETII Demonstratio evangelica V. Introduz.

LETTRE à l'aut. de l'Hist. critique de Jesus Christ in 8. 1772.

LETTRES de quelques juifs portugais et allemands à M. de Voltaire 8. 2 voll. Paris 1772.

LIMBORCH Refutatio argum. Acostae V. ej. De verit. relig.

MARTIANAY Traité de la vérité des livres de la sainte Ecriture 8. Paris 1697.

PASCAL Pensieri sopra la religione 12. 2 voll. Vicenza 1784.

PRINCIPJ di religione o Preservativo contro l'incredulità 12. Padova 1753.

REGIS Moses legislator, seu de mosaic. legum praestantia 4. Taur. 1779.

SALCHLI Apologie de l'Histoire des juifs 8. Genev. 1770.

SILVA (da) Tratado da immortalidad da alma contra Acosta 8. Amst. 1623.
Rariss. Wolf. T III p. 1116.

VIRET Reponse à la Philos. de l'histoire 8. Lyon 1767.

VOISIN (du) L'Autorité des livres du N. T. 8. Paris 1775.

URSINI De Zoroastre, Herm. et Sanchoniatone contra mosaicae Script. antiq. 8. Norimb. 1661.

WEST Observations sur l'histoire et les preuves de la résurr. de J. C. 8. Paris 1757.

XXXII

LIBRI LITURGICI E DI PRECI DEGLI EBREI.

AVUDRAAM, Comm. precum, fol. Ulyssipone 1489 vel 1490.
Prima edizione sconosciuta e rariss. V. gli *Ann. del sec. XV* p. 67, e il *Diz. degli aut. ebr.* T. I p. 59.

BOSCHENSTEIN Precatio et Confessio judaeor. h. l. 4. August. 1521.

DURAN Zoar rakia, Splendor firmamenti 4. CPoli 1515.

GAVIROL Cheder malcud, Corona reg. hisp. 8. Libur. 1769.

MAAMADÒTH seu Stationes 32. Sabion. 1556.

MAAMADÒTH ib. Amst. s. a.

MAAMADÒTH hisp. 12. ib. 1654

MACHAZÒR, seu Comp. precum totius anni cum Megh. ec. fol. Soncini et Casali-maj. 1486.
Primaria ed. sconosciuta di grande rarità, esempl. membranaceo. V. i cit. *Annali* p. 46, e *Dizion.* T. II p. 17.

MACHAZÒR in fol. sine an. et loco sec. XV.

MACHAZÒR in fol. sine anno et loco, sed Pisauri in sec. XVI.

MACHAZÒR in fol. sine an. et loco. Editio III Soncinatum.
Queste tre ediz. sono ugualmente ignote e rariss. V. gli *Ann.* e il *Diz.* c. l.

MACHAZÒR in f. Mant. 1557.
In carta turchina rarissimo.

MACHAZÒR f. Mantuae 1557.
Altro esempl. membranaceo.

MACHAZÒR cum com. Treves ac Pirkè avoth cum com. Maim. et Sphorni fol. 2 voll. Bonon. 1540-1541.

MACHAZÒR ritus germ. fol. Augustae Vind. 1536.
Di gr. rarità e membranaceo. V. il Wolf. *T.* II p. 1338, i miei *Ann.* p. 43, e il *Dizion* c. l.

PASSI Taarad nefes, Puritas animae 12. Amst. 1734.

PISANTE Ner mitzvà, Lucerna praecepti, 4. CPoli 1567.

PISANTE Jesca elohim, Salus Dei, 4. CPoli sine anno.

SELICÒTH, Preces dier. poen. fol. Barci in prov. Brix. 1496.
Sconosciuto e di estr. rarità, ed es. unico, ma mancante di 2 foglj.

SELICÒTH in f. sine an. et l.
Stamp. in Fano o Pesaro, ugualm. sconosc. e raro e mancante.

SIDDÙR tephillòth, Ordo praecum, 32. Sabion. 1555.

SIDDÙR, Ordo prec. 32. sine anno et loco, sed Sabionetae.
Amendue ignoti e rariss.

SIDDÙR, Ordo prec. 8. Mantuae 1557.

Nitido e membranaceo.

SIDDÙR, Ordo prec. 32. Ven. 1598.

SIDDÙR, Ordo prec. 16. Amst.

SIDDÙR, Ordo prec. 16. Ven. 1647.

Membranaceo.

SIDDÙR, Ordo prec. 12. Mantuae 1662.

In carta azzurra.

SIDDÙR, Ordo prec. 32. ib. 1739.

SIDDÙR, Ordo prec. italice 8. Fani 1505.

Di una rarità somma. V. gli *Ann.*

SIDDÙR, Ordo jejun. hisp. 8. Amst. 1648.

TACHANUNÌM, Deprecationes, 4. Fani 1506.

Estrem. raro. V. i detti *Annali*

TEPHILLÁ, Liber precum rit. Rom. 8. Bonon. 1537.

Ignota ed. rariss. e superbo esempl. membranaceo. V. gli *Annali* p. 39.

TEPHILLÒTH, Preces totius an. rit. hisp. 8. 3 voll. Ven. 1584.

TEPHILLÒTH, Preces c. com. et Pirkè av cum com. Kimchì 4. min. Tridini 1525.

Unica ed. fatta in Trino di estr. rarità, e unico membr. esemplare. V. i detti *Annali* p. 28.

TEPHILLÒTH, Preces italice 8. Bonon. 1538.

D'ugual rarità dell'ebr. del 1537. V. gli *Annali* p. 40.

XXXIII

TRADIZIONI DEGLI EBREI, O TRATTATI MISNICI E TALMUDICI.

ADLER Judaeorum cod. sacri scribendi Leges, seu Tr. Sopherim, de Scribis, h. l. 4. Hamb. 1779.

COCH Duo tituli talmudici, Sahedrin et Maccòth cum lat. vers. ac not. 4. Amst. 1629.

COLLINI Pirkè avòth, Capitula patrum, 4. Giessae hass. 1705.

EMPEREUR Cod. talm. Middoth, de Mensuris templi, heb. l. cum not. 4. Lugd. B. Elzev. 1630.

HARTMANNI Pirkè avòth, hebraic. lat. in 4. Giess. hass. 1708.

JEHUDAE Sancti Miscnà cum com. Maimon. fol. maj. Neap. 1492.

Splendida e rariss. ed. e la prima di tutte. V. gli *Ann. del sec. XV* p. 90, e il *Diz. degli Aut. eb.* T. I p. 145, e II p. 24.

JEHUDAE Miscnà ej. edit. Neap. 1492.

Superbo esempl. impresso in pergamena.

JEHUDAE Miscnà cum com. Maim. et Bartenorae 4. 2 voll. Mant. 1562.

In carta azzurra.

JEHUDAE Miscnà sine comm. 12. 2 voll. Amst. 1644.

PIRKÈ avòth, Capitula patrum, cum com. Maimon. 4. min. sine an. et l., sed Sonc. 1484.

Primaria e sconosc. ed. da me scoperta di gran rarità. V. i detti *Annali* pag. 131.

PIRKÈ avòth cum com. Abrabanelis fol. min. vel 4. maj. CPoli 1505.

PIRKÈ avòth. Vide Libros precum.

SHERINGAMI Codex talm. Jomà, de Sacrificiis diei expiat. h. l. cum not. 4. Lond. 1648.

TALMUD. Tract. Beraeòth, de Benedictionibus cum com. Jarchì et Miscnà cum com. Maim. fol. Sonc. 1484.

Prima ed. talmudica estr. rara, esempl. membranaceo. V. i sud. *Annali* p. 28, e il *Diz. degli a. eb.* T. II p. 140.

TALM. Tr. Cholin, de Prophanis, cum com. Jarchì fol. sine l., sed Sonc. an. 1489.

TALM. Tr. Niddà, Menstruatae cum com. Jarchì fol. sine loco, sed Soncini 1489.

Amendue ignotissimi e rarissimi.

TALM. Tr. Jevamòth, de Fratriis, cum com. Jarchì, fol. Pisauri 1509.

TALM. Tr. Bava batrà, Porta postrema, fol. Pisauri in. sec. XVI.

TALM. Tr. Eruvin, Mixtionum, cum com. Jarchì, f. sine a. et l., sed Pisauri in. sec. XVI.

TALM. Tr. Scekalim, de Siclis, heb. lat. V. Othonis Lexicon rabb.

TZEVI Nachalàd tzevi, seu Pirkè avoth cum 2 com. 4. Ven. 1659.

WULFERI Tr. Scekalim, de Siclis, cum lat. vers. et com. 4. Altorfi nor. 1680.

XXXIV

INTRODUZ. E COMPENDJ TALMUDICI.

BASHUYSEN Clavis talmudica maxima, seu Introd. var. cum lat. vers. et binis Dissert. 4. Hanov. 1740.

CHAVIV Én israel, Fons Israel, fol. CPoli 1511.

Prima e rariss. edizione.

CHAVIV En israel fol. 2 voll. 1625.

CLAVERINGII Maimon. Ilcòth torà, Constitutiones Legis heb. l. cum not. 4. Oxon. 1705.

JESCUAE Levitae Alicòth olàm, Itinera mundi et R. Samuel Naghid Mevò ạttalmùd, Introd. talmud., 4. min. CPoli 1510.

JESCUAE Levitae Alicòth olam 4. Mantuae 1593

JESCUAE Levitae Alicòth olam cum lat. vers. l'Empereur V. Bashuysen.

KANPANTON Darchè talmud, Viae talmudicae 4. min. sine anno et loco, sed CPoli.

KANPANTON Darchè talmud 4. Mantuae 1593.

KENON Liber cheridùd seu foederis, 4. min. CPoli 1515.

MAIMONIDIS Jad chazakà, seu Comp. talmud., fol. max. 2 voll. sine anno et loco.

Primaria ed. da me scoperta di somma rarità. V. gli *Ann. del sec. XV* p. 126 e il *Diz. degli aut. eb.* T. II p. 26.

MAIMONIDIS Jad chazakà fol. Sonc. 1490.

MAIMONIDIS Jad chazakà cum com. f. 2 voll. CPoli 1509.

Amendue rarissimi.

MAIMONIDIS Jad chazakà cum com. f. 2 voll. Ven. 1550.

MAIMONIDIS Constitutiones variae heb. l. V. Clavering, Maii, Vorstii.

MAII Jura fimbriarum ex Maim. heb. l. cum not. 4. Francof. M. 1710.

MILII De formulis talm. V. ej. Catalecta.

MOSIS f. Dan. Soghiòth attalmud, Usus talmud. Vide Bashuysen.

NAGHID Sam. Mevò, Introd. talm. V. Jescua et Bashuys.

OLIVEYRA Darché noham, Logica seu clav. talm. 8. Amst. 1688.

PAN ì Maftèach aghemarà, Clavis gemar. V. Bashuysen.

VERGA Sceerid Josef, Introd. ad stud. talmud. 4. Mant. 1593.

VORSTII Maimon. Ilcòth jesodè torà, Constitutiones de fundam. legis, heb. l. 4. Amst. 1638.

XXXV

TEOLOGIA GIUDAICA

ABENDANA Cuzary traduz. en espan. y comentado 4. Amst. 1663.

Rar. il Simon. e cit. *Diz* T. 1. pag. 143.

ABRABANELIS Ros amanà, Caput fidei, 4. maj. CPoli 1505.

ABRABANELIS Ros amanà lat. V. Vorstii.

ABRABANELIS De creatione angel. V. Carpov.

ALBO Ikkarim, Fundamenta fol. Soncini 1485.

Prima ed. rariss. V. gli *Annali* p. 44. e il *Diz. degli aut. eb.* T. I p 44.

ALBO Ikkarìm fol. Thessal. 1520.

ALBO Ikkarìm 4. Arimini 1522.

ALBO Ikkarìm 4. Ven. 1544.

Tutte non castrate e rariss.

ALMOSNINO Tefilà lemoscè, Oratio Mosis, 4. Thessal. 1563.

ATIAE Thesoro de preceptos de la ley 4. Amst. 1649.

BENEDETTI Della relig. e giuramento degli ebrei 8. sine an.

BIBAGO Dèrech emunà, Via fidei fol. CPoli 1521.

BUXTORFII Lib. Cosrì cum lat. vers. 4. Basil. 1660.

CHAVIV Or enaim, Lux oculorum 12. CPoli sine an.

CARPZOVII Introd. in Theol. jud. V. Martini Pugio.

CHASID Liber chasidìm, seu piorum 4. Bonon. 1738.

COEN Rescid lékach, Dottrina israel. eb. ital. 8. Reggio.

COMMENTATIO de Vestigiis theol. jud. 4. Gotting. 1801.

CORBEIL Amudé golà, Comp. praecept. 4. CPoli circa 1510.

ELEAZARIS de Garmiza Lib. Rokèach, fol. Fani 1505.

GERUNDENSIS Saaarè tescuvà, Sectiones poen. 4. Fani.

HASAEL Chiseòth, Throni dom. David, 4. Veronae 1546.

JAGHEL Lèkach tov, Catechismus judaeor. c. lat. vers. Veil 8 Franeq. 1690.

JEHUDAE Levitae Liber Cuzarì, 4. min. Fani 1506.

Ed. primaria e rarissima.

JEHUDAE Levitae Cuzarì, in 4. Ven. 1547.

Prezioso es. per le varianti mss. della trad. del Kardaniel creduta smarrita.

JEHUDAE Levitae Cuzarì heb. l. V. Buxtorfii.

JEHUDAE Levitae Cuzari hisp. V. Abendana

JESURUN Lib. de providencia divina 4. 1663.

KOTZI Mos. Liber magnus praeceptorum, fol. maj. sine anno et loco.

Di prima età, prima ed. sconosciuta estrem. rara. V. gli *Annali* p. 122 e il *Diz. degli aut. eb.* T. II p 67.

KOTZI Mos. Lib. praeceptorum, fol. sine l. sed Sonc. 1489.

Anch'essa sconosc. e rarissima.

KREMNITZ Com. Libri praecept. 4. Ven. 1605.

LENT (A) De moderna Theologia judaica 8 Herborn 1694.

MACHIR Avkàd rochel V. Scripta antichr.

MAII Synopsis theologiae judaicae 4. Gissae hass. 1698.

MAIMONIDIS Liber praeceptorum, 4. sine a. et l. sed CPoli.

MAIMONI IS XIII fidei Articuli et alia heb. l. 8. Vormaci 1529.

MENASSÈ b. Israel De la Resurrecion de los muertos 12. Amst. 1636.

MENASSE b. Isr. De Resurrectione mortuorum 8. ib. 1636.

MENASSE b. Isr. De Creatione problemata 12. ib. 1635.

MENASSE b. Isr. De la fragilidad humana 4. ib. 1642.

NACHMANIDIS Saaraghemùl, Sectio retributionis, in 4. Neap. 1490.

Rariss. *Annali* p. 69.

NIETO Mathè dan, II Parte del Cuzarì, hèb. hisp. 4. Londr. 1714.

OLIVEYRA Darchè adonai, Viae Domini, 8. Amst. 1689.

PEREZ Fundamento de la div. ley. 8. Amst. 1729.

PFEIFFERI Theologiae jud. et moham. Principia 8. Lips. 1687.

POCOCKII Notae misc. in Portam Mosis Maim. 4. Lips 1705.

SAADIAE Lib. Emunoth, seu Artic. fidei, 4. CPoli 1562.

Prima e rariss. edizione.

SCENI Mea saarim, Centum mensurae, 4. Thessal. 1543.

SFORNO Or ammim, Lux populorum, 4. Bonon. 1537.

SIMEON b. Gamaliel Jesod tescuvà, Fundamentum poen. 4. Ven. 1718.

VIDAL Cheder torà, Corona legis, 4. CPoli 1536.

VOISIN Theologia judaeorum 4. Paris 1647.

XXXVI

OPERE POLEM. DEGLI EBR. CONTRO LA RELIG. CRIST. E APOLOGIE DELLA NAZ.

ABRABANEL Mascmia jescuà, Praeco salutis, 4. Amst. 1644.

ABRABANEL Mascmia jescuà latine V. Maii.

ABRABANEL Comm. in Prophetas poster. V. Biblia.

ABBABANEL Majenè jescuà, Fontes salutis V. Comm.

AKRIS Mahassè, Historia domus David, 4. Basil. 1569.

ALBO Ikkarim, Fundamenta, V. Theol. judaica.

ARAMA Chazùd kascà, Visio dura 4. Sabion. 1552.

BETZALEL Tifered israel, Gloria Israel fol. Ven. 1599.

BIRAGO Derech emunà V. Theol. jud.

CARDOSO Las Excelencias de los hebreos 4. Amst. 1679.

DURAN V. Peripòth.

FUENTE clara, Fons clarus, op. antichr. hisp. litt. rabb. 4. sine anno et loco.

Unico es. di estr. rarità. V. la *Bibliotheca giud. anticr.* p. 33.

HACKSPANII Nizzachon V. Lipman.

HULDRICI Historia Iescuae nazar. V. Libri apocrifi.

JECHIEL Vicùach V. Wagenseil.

ISAACI fil. Abr. Chizzuk emunà, Munimen fidei, 12. Amst. 1705.

ISAACI fil. Abr. Chizzuk emunà h. l. V. Wagenseil.

ISAACI fil. Abr. Chizzuk emunà germ. 8. Amst. 1717.

Rariss. V. la cit. *Bibl. giud.* p. 46.

JUDAEORUM Objecta V. Matthaei Ev. heb.

KIMCHÌ Dav. Com. in Proph. post. V. Biblia.

KIMCHÌ Comm. in Psalmos V. Biblia.

KIMCHÌ Tescuvòth, Responsa ad christianos, V. Lipmanni.

KIMCHÌ Vicùach, Disp. adv. christ. V. Milchèmed chovà.

KIMCHÌ Josephi Lib. Berith, seu Foederis, V. Milchemed.

LEVI Is. Il Difensore degli ebrei 8. Londr. 1784.

LETTERA o Rifless. d'un milord su la naz. eb. 8. Ven. 1769.

LETTRE d'un juifs a un chretien V. Diss. crit. sur la partie proph.

LIPMANNI Lib. Nizzachon, seu Victoriae ab Hackspanio editus, 4. Altorfi 1644.

Assai raro. Il Reimanno, il Solgero, l'Engel, il Vogt ed altri. V. la mia *Bibl. anticr.* p. 55.

LIPMANNI Carmen memoriale V. Wagenseil.

LUMINARIO (Il) ecclissato in risposta al Luminario dei ciechi del Gazzoli 8. Modena 1797.

LUZZATI Discorso circa lo stato degli hebr. V. Storia giud.

MACHIR Avkàd rochel, Pulvis aromatarii, 4. Aug. Vind. 1546.

— Idem 8. Ven. 1566.

MAII Abrabanelis Praeco salutis lat. transl. cum ej. Vita 4. Francof. M. 1711.

MENASSE b. Israel Mikvè israel, Spes Israel, 12. Amst. 1698.

MENASSE b. Israel Esperanca de Israel 8. Smirne 1659.

Rariss. V. la cit. mia *Bibliot.* p. 67.

MENASSE b. Israel Conciliador V. Concordanze.

MENDELSSHON Epistolae ad Lavater germ. 8. Berol. 1770.

MILCHEMED chovà, Bellum debiti, Collectio script. antichr. 8. CPoli 1710.

Collezione rariss. che contiene la *Pref.* di Abr. Roman, la *Disputa* del Nachmanide, la *Disputa* del Kimchì, il lib. *Berith* di Josef Kimchì, e *l'Esposizione della fede crist.* di Sim. b. Tzemach. V. il Wolf. T. IV p. 719, e la mia *Biblio. anticr.* p. 70.

MORTERA Deruscìm, Sermones in Pent. 4. Amst. 1645.

MORTERA De indissolubili legis mos. nexu. V. Carpovii.

NACHMANIDIS Vicùach, Disputatio cum fratre Paulo V. Milchemed et Wagenseil

NICHOLAS Apologia por la noble nacion de los judios 8. Smirne 1649.

Estr. rara. V. la sudd. *Biblio.* p. 77.

NIETO Respuesta al Sermon del arcobispo de Cangranor, 8. Villafranca.

Rariss. V. la detta mia *Biblio.* p. 78.

NITZACHON vetus. V. Wagenseil.

OROBII Scripta antichr. V. Limborch.

PERIPÒTH Duran, seu Ephodaei Ighered, Epistola ad Bonetum, 8. sine anno et loco, sed CPoli.

Di estr. rarità. V. lo Schelh. *Amoen. litt.* T. IX p. 685, i miei *Ann. di Sabion.* p. 17, la *Bibl. anticr.* p. 88, e il *Diz. degli aut. eb.* T. II p. 90. Es. quasi unico superstite, ma supplito a mano.

PERITZÒL Ighered, Epist. itinerum mundi. V. Itineraria.

PINTO Apologie pour la nation juive 12. Amst. 1762.

SALOMONIS b. Tzemach Milchemed mitzvà, Bellum praecepti, in 4. sine anno et loco sed Liburni.

SARAVAL Lettera apolog. del giur. degli ebrei 4. Mant. 1775.

SIMEONIS b. Tzemach Pediràd, Expositio fidei christ. V. Milchèmed.

SIMEONIS b. Tzem. Kesced umaghèn, Arcus et clypeus, 4. sine anno et loco, sed Liburni.

Contiene l'antec. Esposizione e l'opera del suo figlio Salomone.

SOESMAN Epistolae belg. 8. Amst. 1742.

TOLEDÒTH jescù, Generationes Jesu, Vide Huldrici et Wagenseil.

TZEMACH V. Simeonis.

TZEVI Zalman Theriaca judaica, heb. germ. in 4. Altorf. 1680.

TZEVI Theriaca sub tit. Nitzachon 8. Amst. 1737.

TZEVI Theriaca jud. latine Vide Wulferi.

USQUE Consolacam as tribulacoens de Ysr. 8. Ferrar. 1553.

WAGENSEIL Tela ignea satanae, hoc est horribiles judaeorum adv. Deum et christ. relig. Libri cum lat. vers. et confut. 4. Altorfi nor. 1681.

Questi libri sono *Lipmanni Carmen memoriale*, *Nitzachon vetus*, *Disputatio Jechiel*, *Disp Nachman.*, *R. Isaaci Chizzuk emunà et Toledoth jescù.* Raro. V. l'Osmont, il de Bure, e la mia *Bibl. anticr.* p. 126.

WULFERI Theriaca judaica ad examen revocata 4. Norimb. 1681.

XXXVII

OPERE POLEM. DI CRIST. CONTRO DEGLI EBREI.

ADLER De Vaticiniis V. T. de Christo 4. Hafn. 1790.

ANNUNCIAZAM (Da) Diego Justiniano Sermam do auto da fe 8. Lisboa 1705.

AUGUSTI Diss. de pontificatu et adventu Christi 4. Lips. 1729.

AYROLI Lib. LXX hebd. Daniel. resignatus 4. Romae 1748.

BALDI De Apologia cath. relig. ad hebraeos. 8. Ven. 1799.

BENEDETTI Della religione e giuram. degli ebrei 8.

CALLENBERG Jore dehà, Doctor scientiae christianae 12. Hal. 1733.

CALLENBERG Lev banmi, Cor filiorum, 12. ib. 1731.

Carbonis Flagellum judaeorum 12. Ven. 1672.

Cecchetti Dissertationes judaeos 4. Ven. 1750.

Costi Typus Messiae in 4. Lugd. 1554.

De-Rossi Della vana Aspettazione degli ebrei 4. Parma 1773.

Uno de' pochi es. tirati in carta gr. d'Olanda e rariss.

De-Rossi Esame delle Riflessioni contro il libro Della vana Aspett. 4. ib. 1775.

Dialogo tra un cristiano ed un ebreo 8. Ven. 1765.

Difenbachii Judaeus conversus germ. 4. Francof. M. 1709.

Discertazione all'ebr. Coreos 8. Viterbo 1772.

Empereur Refutatio Abrab. V. Comm. jud.

Eustachio Salutari discorsi agli ebrei 12. Nap. 1582.

Examen du sentim. des peres et des juifs et de la convers. des juifs 8. Paris 1739.

Feretti Verità della fede svelate alla sinagoga 4. Ven. 1741.

Galatini De Arcanis cath. veritatis contra judaeos fol. Basil. 1561.

Gallicciolli Pensieri sulle LXX settimane di Dan. 8. Ven. 1792.

Gazzoli Il Luminario dei ciechi diretto all'ebraismo 8. Parma 1797.

Grotii De Veritate relig. christ. V. Apol. revel.

Helvici Elenchi judaici 8. Lugd. B. 1702.

Hermanni judaei De sua conversione V. Martini Pugio.

Jacquelot Dissertazioni sopra il Messìa contro gli ebrei 8. Ven. 1758.

Justini Colloquium cum Tryphone jud. et alia op. fol. Basil. 1555.

Kimchi Jean V. Muller.

Lent (A) De judaeorum pseudomessiis 4. Herborn. 1697.

Limborch De Veritate relig. christ. cum erud. judaeo amica collatio et Acostae Exemplar vitae hum. 8. Basil. 1740.

Martini Pugio fidei adv. judaeos cum obs. Voisin et Carpzov. Introd. in theol. jud in fol. Lips. 1687.

Muller La Lumière du soir 12. Halle 1746.

Mulleri Idem Liber jud. germ. 8. 1728.

Mussi De Incarnatione verbi Disputationes 8. 2 voll. Ticini 1791.

Pace Syntagma de vatic. Jacobi 4. Vicent. 1775.

Petrobelli Specchio di verità contro gli ebr. 4. Ven. 1626.

Peyrere Du Rappel des juifs 8. 1643.

E' nota la singolarità e rarità di questo libro.

Pichii De Partu virginis adv. judaeos 8. Rom. 1621.

Pinamonti Sinagoga disingannata 12. Bologna.

Polke Humilitas glor. J. C. judaeis feralis 4. Altorf. 1720.

Pomerii Contra judaeos Libri tres cum Testam. XII patriarch. 8. 1532.

SAMUELIS Libellus de Adventu Messiae 8. Argent. 1523.

SCHUDT De Adventu Messiae V. ej. Deliciae.

SPINAE Fortalitium fidei. 8. Lugd. 1511.

STAPILI Fascicolo di vanità giudaiche 8. 1583.

STAMPELII Siloh, seu Jacobi Vatic. de Messia 8. Francof. 1610.

TADINI Dissert. de prophetiis 8. sine anno et loco.

TYCHSEN A Dialogue, Dialogus inter erud. judaeum etc. 8. Buetzov. 1763.

VELTUYCKI Scevilè tohu, De jud. disciplinis et ear. vanitate 4. Ven. 1539.

VINCENTI Il Messia venuto fol. 2 vol. Ven. 1659.

VIRGULTI L'Ebreo catecumeno 8. Rom. 1726.

WAGENSEIL Confut. Carm. Lipmani et Toledòth jescu V. ej. Tela ignea.

WAGENSEIL De loco classico Gen. XLIX Non auferetur sceptrum. 4. Altorf. nor. 1676.

WULFERI Theriaca jud. ad examen revocata, seu Brenzii et Zevi scripta cum lat. vers. et anim. 4. Norimb. 1681.

XXXVIII

LIBRI LEGALI E MEDICI EBRAICI O D'AUT. EBR.

ADERED Tescuvòth, Responsa 4. sine an. et loco.

Ignota ed. di prima età e somma rarità. V. gli *Ann. del sec. XV* p. 126, e il *Diz. degli aut. eb.* T. 1 p. 39.

ASCER (ben) Arba turim III et IV Ordo Even ahezer et Choscen mispat f. Plebisacii 1475.

Prima e cel ed. estrem. rara, ed esemplar. membran. V. i detti *Annali* p. 9.

ASCER Arba turim IV Ordo Choscen mispat ej. ed. Plebis. 1475.

ASCER Arba turim I Ord. Orach chaiim fol. Mant. 1476.

ASCER Orach chaiim fol. sine loco, sed Iscar 1485

ASCER Arba turim II ordo Jorè dehà fol. Ferrar. 1476 vel 77.

ASCER Jorè dehà in folio Iscar an. 1487.

ASCER Arba turìm, seu IV Ordines fol. sine an. et l., sed Soncini 1490

Di tutte queste ediz. rariss V. i miei *Annali del sec. XV.* Alcune sconosciute.

ASCER Arba turim fol. Fani 1516.

ASCER Arba turim in folio Aug. Vind. 1540.

ASCER Arba turim in folio Ripae Trid. 1560.

In carta turchina rariss.

ASCER Kitzur, seu Comp. decisionum fol. CPoli 1515.

AVICENNAE Canon medic. heb. fol. Neap. 3 voll. 1491.

Magnifico e rariss. Wolf. T. IV pag. 747, Clement T. II p. 284, e i cit. miei *Annali* p. 86.

CHARIZÌ Refuòth, Aphorismi pro salute corp. 8. Ferrar. 1552.

FILONII Anagad addèver, Cura pestis, 4. min. CPoli 1510.

Estrem. raro.

FRIZZI Diss. di polizia medica sul Pent. 8. 3 voll. Pavia 1787-1788.

JERUCHAM Liber mescarìm, rectitudinum, fol. CPoli 1516.

ISERLEN Terumad adescen, Oblatio cineris, 4. Ven. 1519.

KOLON Sceelòth, Quaesita 4. ib. 1519.

LEVITAE Is. Beth levi, Domus Levi, 4. Ven. 1666.

MAIMONIDIS Jad V. Talm. Comp.

PITHAEI Mosaicarum legum et rom. collatio V. inter Collatores.

POMIS (de) Brevi discorsi sul mal contagioso 4. Ven. 1577.

POMIS De senum affectibus praecavendis 4. Ven. 1588.

PORTALEONIS Dialogi de auro 4. Ven. 1584.

REKANATI Piskè alacòth, Decisiones juris, 4. Bonon. 1538.

SAADIAE Sceeloth, Quaesita V. Medras Samuel 1517.

SUSANNIS (de) Tractatus de judaeis 4. Ven. 1568.

XXXIX

LIBRI FILOSOFICI MORALI E CABAL. DEGLI EBREI.

ALEMAN Saar, Sectio libri Achèsek 4. Liburni 1790.

AKIBA Odioth, Litterae alphab. 4. Ven. 1546.

APPENNINI Jedai. Bechinad olam, Examen mundi, 4. min. sine an. et l. sed Mantuae 1476

Primaria e sconos. ed. di estr. rarità fatta dalla moglie del Conat. V. gli *Ann. del sec. XV* p. 110, e il *Diz. degli aut. eb.* T. 1. pag. 167.

APPENNINI Bechinad olam cum Com. 4. min. Soncini 1484.

Rariss. V. i sudd. *Annali* p. 38.

APPENNINI Bechinad olam cum Com. 4. Ven. 1546.

APPENNINI Bechinad olam cum Com. ben Chaviv et Jos. Franses 4. Ferrar. 1552.

APPENNINI Bechinad. olam cum Com. Etz dahad 4. Ven. 1704

APPENNINI Idem Liber lat. V. Uchtmanni.

APPENNINI Mivchar appeninìm V. Gavirol.

ARISTOTELIS Ighered musar, Epistola moralis, 12. Rip Trid. 1560.

ARISTOTELIS Liber de pomo heb. 4. ib. 1562.

AVERROIS Comp. logicae heb. 8. ib. 1560.

AVERROIS Epitome libror. Aristot. 8. ib. 1560.

BADRESCITAE V. Appennini.

BASHUYSEN De Kabala Pars III 4. Hanov. 1713.

BECHAI Chovad allevavòth, Debitum cordium, 4. min. Neap. 1490.

Prima ed. assai rara. V. i cit. *Ann.*

BEN SIRA Liber V. inter Apocryphos.

BINA lehittìm, Intelligentia tempor. hisp. 12. CPoli 1741.

BINIAMIN de Tudela Massà, Onus vallis visionis 12. Rip. Trid. 1560.

BUDDEI Introductio ad hist. philos. hebraeorum 8. Hal. Sax. 1720.

BUXTORFII Florilegium hebraicum 8. Basil. 1648.

CHASDAI Ben melech venazir, Filius regis et nazaraeus, 8. CPoli 1518.

CHANANIA Musarè, Institutiones philos. 4. Rip. Trid. 1562.

CLATZ Lib Musar seu disciplinae 4. CPoli 1537.

CONZII Od letovà, Signum bon. 4. Cherii 1627.

CONZII Maagal tov, Orbita bona, 4. ib. 1628.

CONZII Cinque Enimmi 4. Asti 1627.

ELIEZER f. Hircani Orcoth chaiim, Viae vitae 12. Ven. 1623.

GABAI Derech emuna, Via fidei, 4. Patav. 1563.

GAVIROL Mivchar appeninim, Delectus margaritarum cum com. 4. Sonc. 1484

Ed. primaria rarissima V. gli *Annali* p. 35.

GAVIROL Mivchar appeninim 4. Ven. 1546.

GAVIROL Tikkun middòth et al. op. 4. Rip. Trid. 1562.

GALINA Toledòth adam, Generationes hominis, 4. Cremon. 1556.

GERSOM Saar ascamaim, Porta caeli, 4. Ven. 1547.

GERSONIDIS Milchamoth ascem, Bella Dei, fol. Ripae Trid. 1560.

HACKSPANII Expos. cabbalae V. Crenii Thes.

HAI Musar ascéchel, Institutio intellectus, et Esopaei Kaaràd chèsef, Scutella argentea, 16. CPoli 1531.

Sommamente raro.

HAI Musar ascechel cum Sarè tescuva 4. Fani circa 1505.

JACHIA Sivha enaim, Septem oculi, seu scientiae 12. sine a. et loco.

KALONYMI Even bochen, Lapis lydius, 4.° Neap. 1489.

Prima ed. rarissima. V. gli *Ann*. p. 66.

KALONYMI Even bochen, 4. Ven. 1546.

LEON ebr. Dialoghi di amore 8. Ven. 1586.

LEON Philosophie d'amour par du Parc champenois 8. Lyon 1551.

LEON Philosophie d'amour 12. ib. 1595.

LUCÒTH, Tabulae astron. 4. min. sine a. et l. sed Mant. circa 1476.

D'ed. sconosc. del Conat di estr. rarità. V. gli *Annali* p. 113.

MENASSE b. Israel Nismad chaiim, Spiraculum vitae, 4. Amst. 1652.

MENASSE b. Israel De termino vitae 12. ib. 1639.

MENASSE b. Israel Gratulaeao as Pr. de Orange 4. ib. 1642.

MENDELSSHON Le Phedon, ou Entretiens sur l'immort. de l'ame par Junker 8. Paris 1773.

MENDELSSHON Opere filosofiche trad. dal Pizzetti 8. 2 voll. Parma 1800.

MIZRACHÌ Lib. mispàr, seu Arithmet. 4. CPoli 1532.

MORPURGO Discorsi di tolleranza del Weisel trad. 4. Goriz. 1783.

MORPURGO Discorso alla nazione ebrea 4. ib. 1782.

NACHMANIDIS Ighered akkodes, Ep. sanctitatis, 8. Rom. 1546.

NEKDAN Mislè seu Proverbia vulpium 12. Mant. 1557.

PINTO Essai sur le luxe 12. Amst. 1762.

PIRKÈ avòth. V. Talmud.

POMIS Discorso intorno all' umana miseria 8. Ven. 1572.

Porto Tzafnad paaneach, Revelator arcanorum in 12. Ven. 1556.

Reuchlini De arte cabbal. V. Galatini.

Sahola Mascal kadmonì, Prov. antiquum, 4. sine an. et l.

Sahola Idem Lib. 4. Ven. sine a.

Silva Tratado da immortalidad V. Apol. revel.

Tam Liber ajascar vel recti 12. CPoli sine anno.

Tam Id. Lib. 8. Ven. 1544.

Tibbon Ruach chen, Spiritus gratiae, cum com. 4. Ven. 1549.

Tzafnad paanèach, Revelator arcan. 8. sine an. et loco.

Uchtmanni Examen mundi Jedaj. Badrescitae h. l. 8. Lugd. B. 1650.

Voisin Disputatio cabb. de anima R. Israel et Ab. Ezrae Modi int. leg. cum lat. v. et com. 8. 2 voll. Paris. 1635.

Weisel Herz Divrè scalòm, Verba pacis, 8. sine anno et loco, sed Berolini.

Weisel Idem Liber ital. V. Morpurgo.

XL

TEOLOGIA MAOMETTANA E CONFUTAZIONE.

Alcoranus Muhamedis arabice cura Hinckelmanni in 4. 1694.

Alcoranus arabice cum lat. versione, notis ac confutatione Maraccii et Prodromo de Machumetis Vita etc. fol. 2 voll. Patavii 1698.

Alcoran (L') de Mahomet translaté de l'arabe par du Ryer 12. Paris 1649.

Alcoran (L') avec les Observations de Sale etc. 8. 2 voll. Amstel. 1770.

Andrea Moro Confusione della setta macomettana 12. Ven. 1597.

Augusti Vindiciarum coranicar. Periculum in 8. Jenae 1803.

Febure Praecipuae Objectiones mohamed. armen. 12. Rom. 1681.

Guadagnoli Apologia pro chr. relig. ad Object. Ahmed Alabedin 4. Romae 1631.

Rar. il Solgero, il Vogt ed altri.

Gorgievitz Disputatio cum turca pro fide christ. in 12. Vienn. 1548.

Hackspanii Fides et leges moham. ex Alcor. ar. l. 4. Altorf. 1646.

Rariss. il Wendlero e il Vogt p. 326.

La Croze Reflexions sur le mahometisme V. ej. Diss. 8. Rotterd. 1707.

Langii Diss. de Alcorani Versionibus 4. Altorf. 1704.

Maraccii V. Alcoranus.

Nagel Diss. de prima Alcorani Sura 4. Altorfi nor. 1743.

Perez de Chinchon Antialcoran 4. Salamanca 1595.

Pfeifferi Theol. moham. Principia V. ej. Theol. jud.

Relandi De Religione mohammedica 8. Traj. ad Rh. 1717.

Ryer V. Alcoran.

Sale V. Alcoran.

XLI

GRAMATICHE, LESSICI E OPERE POLIGL.

AGNELLINI Proverbi arab. pers. turchi lat. ital. 8. Padova 1088.

BELLARMINO Dottrina crist. ital. ar. etiop. 4 Roma 1786.

BRUNS De litteris orient. Oratio 4. Helmst. 1781.

CASTELLI Grammatica ling. or. V. ej. Lexicon.

CASTELLI Lexicon heptaglottum fol. 2. voll. Lond. 1669.
Rariss. Vogt p. 178, Masch T. I pag. 380.

DE-ROSSI Carmina orientalia 4. Taurini 1768.

DE-ROSSI Poemata polyglotta 4. Parm. 1769.

DE-ROSSI Iscrizioni esotiche 4. ib. 1774.

DE-ROSSI Epithalamia polygl. cum Diss. prael. fol. ib. 1775.
Da gr. tempo si è fatto raro.

DRUSII Sententiae vet. sapientum heb. lat. gr. V. ej. Alph. heb.

DURET Thresor des langues 4. Yverdon 1619.
Rariss., ma mancante.

FINETTI Della Lingua ebr. e orientali sue affini in 8. Ven. 1756.

GERNLERI Oratio parent. Buxtorfii cum epicedio polygl. 4. Basil 1665.

HENZELII Geographia polygl. cum alphabetis 4.

HOTTINGERI Grammatica IV Linguar. cum Technol. arab. 4. Heildeb. 1659.

HOTTINGERI Smegma orientale, 4. ib. 1658.
Due delle opere più rare dell'Ottingero.

MAKRE dardekè, Lexicon polygl. fol. Neap. 1488.
Singol. e rariss. V. gli *Annali* p. 60.

MEMOIRE sur les langues orient. 4. Paris 1768.

MENINSKI Grammatica linguar. orient. turc. arab. pers. in fol. Viennae austr. 1680.
Prima edizione rarissima.

NATA Scafà berurà, Lexicon polygl. 4. Pragae 1660.

NICHOLSONII, Leibn., Lacrosii Diss. de var. ling. Vide Chamberl. Oratio polygl.

NICOLAI Hodogeticum orient. seu Lexic. polygl. in 4. Jenae 1670.

OTHONIS Synopsis linguar. orient. 8. Francof. ad M. 1735.

OTHONIS Glossarium ling. orient. 4. ibidem 1702.

OTHONIS Palaestra linguar. orient. V. Bibl. polygl.

PACE Ars litteratoria sex linguar. 8. Rom. 1692.

PFEIFFERI Introductio in orientem 8. Jenae 1715.

POTKENII Introd. in tres linguas V. ej. Psal. polygl.

RIES De utilitate linguar. or. 8. Mogunt. 1784.

SCHURMAN Opuscula heb. gr. lat. etc. 8. Lugd. B. Elzev. 1650.

SPECIMEN polygl. in adv. Gustavi fol. Romae 1784.

WEITNAVER Modus addiscendi sex linguas 4. Francof. M. 1756.

WOTTONII De confus. ling. V. Chamberlain Oratio dom.

XLII
GRAMATICHE EBRAICHE D'AUTORI EBREI.

ABEN EZRAE Scafà berurà, Labium pur., 12. CPoli 1530.

Rariss. *Diz. degli a. eb.* T. I p. 12.

ABEN EZRAE Liber Tzachud seu Elegantiae 8. Ven. 1546.

ABEN EZRAE Mozené lescòn akkod., Bilances linguae sanctae 8. ib. 1546.

ALMOLI Alicòth sceva, Itinera Sabae 4. min. CPoli 1519.

CALIMANI Gramatica ebraica 8. Ven. 1751.

CHAVIV Marpé lascòn, Medela linguae, 4. min. sine anno et loco, sed CPoli.

CHAVIV Darché nòham, Viae jucundae, ibid.

CHAVIV Iidem l. 8. Ven. 1546.

ELISA b. Abr. Maghèn david Clypeus Davidis, 4. min. CPoli 1517.

ELIAE Lev. Lib. Bachùr, Electus, vel Juvenis, 8. Rom. 1518.

Di tanta rarità, che il Wolfio ne negò l'esistenza. V. gli *Ann. del* 1501 p. 17, e il cit. *Diz.* T. I p. 107.

ELIAE Levitae Bachur heb l. cura Munst. 8. Basil. 1537.

ELIAE Lev. Dikduk, Gram. hebr. lat. cura ej. 8. ib. 1525.

ELIAE Levitae Dikdùk, seu Gram. heb. 4. Isnae 1542.

ELIAE Levitae Lib. Aarcavà, Compositionis, 8. Romae 1518.

D'egual rarità del Bachùr. V. gli *Ann.* e *Dizion.* c. l.

ELIAE Lev. Lib. Aarcavà 8. Ven. 1546.

ELIAE Lev. Idem lib. heb. l. per Munster. 8. Basil. 1525.

ELIAE Lev. Pirkè eliav, Capitula Eliae 4. Pisauri 1520.

ELIAE Lev. Pirkè eliav 8. Ven. 1546.

ELIAE Lev. Tov taham, Boni gustus, 4. Ven. 1538.

ELIAE Lev. Idem lib. heb. lat. per Munster. 8. Basil. 1539.

JACHIA Lescòn limudim, Lingua eruditorum, 4. CPoli 1506.

— Idem Liber 4. CPoli 1542.

KIMCHI Dav. Michlòl, Perfectio, seu Gram. heb., in fol. CPoli 1532.

Rariss. V. gli *Ann. del* 1501 p. 35. e il *Diz. degli aut. ebr.* T. I p. 189.

KIMCHÌ Mos. Dikdùk, Grammatica, 4. min. Ortonae 1519.

Cel. e rariss. ed malamente trasportata al sec. XV. V. gli *Ann del sec. XV* p. 153 segg., *Ann. del* 1501 p. 194. e il cit. *Diz.* p. 191.

KIMCHÌ Mos. Dikdùk 4. min. Hagenoae 1519.

KIMCHÌ Mos. Rudimenta heb. a Boschenstain revisa 4. Aug. Vindel. 1520.

KIMCHÌ Mos. Maalàch sceville adàhad, Progressus semitar. scientiae, cum com. El. Lev. 4. Pisauri.

Tutte e tre assai rare.

KIMCHÌ Mos. Idem Liber cum eod. comm. 8. Mant. 1578.

KIMCHÌ Mos. Idem Lib. cum lat. not. l'Empereur 8. Lugd. B. Elzev. 1631.

OLI EYRA Livre da gram. heb. et chald. 8. Amst. 1689.

PEDACH devarai, Gram. heb. anon., 4. min. Neap. 1492.

Sconosciuta edizione estremamente rara Vedi gli *Annali del secolo XV* pag. 89.

PEDACH devarai cum 2 aliis lib. 4. min. CPoli 1515.
Anch'essa sconosc. rariss.

PEDACH devarai 8. Ven. 1546.

PRO ENZALE Bescem kadmon, Poema de regul. gram. 12. Ven. 1597.

XLIII

GRAMATICHE EBRAICHE D'AUTORI CRISTIANI.

ADRIANI Introductio hebr. 8. Basil. 1520.

ALPHABETUM heb. et gr. 8. Paris. 1539

ALTINGII Fundamenta linguae sanctae 8. Francof. M. 1746.

AUDRAN Grammaire hebr. 4. Paris 1805.

AUROGALLI Comp. gram. heb. et chald. 8 Vitteb. 1525.

AUROGALLI Gramm. heb. et chald. 12. Basil. 1539.

BELLARMINI Institutiones ling. heb. 8 Antwerp. 1616.

BELLARMINI Institutiones heb. 8. Colon. allobr. 1616.

BLANCUCCI Institutiones in ling. heb. 4. Rom. 1608.

BUXTORFII Thesaurus gram. linguae sanctae 8 Basil. 1615.

BUXTORFII fil. Epitom. gram. heb. et de stud. heb. 8. ib. 1710.

CALIGNII Institutiones heb. 12. Paris. 1645.

CLENARDI Tabula in Gram. heb. 8. Paris. 1540.

CLENARDI Tabula 8. Colon. 1567.

DE-ROSSI Synopsis institutionum heb. 8. Parmae 1807.

DE-ROSSI Perbrevis Anthologia heb. 8. ib. 1807.

DONATI Poma aurea heb. linguae 4. Romae 1618.

DRUSII Opuscula gramm. heb. 4 Franek. 1609.

DRUSII De litt. hebr. mosce vecaleb, 4. ib. 1608.

DRUSII Alphabetum hebr. vetus 4. ib. 1609.

FRANCHI Il Sole della lingua santa 4. Bergamo 1599.

GUIDACERII Gramm. hebr. 4. sine a. et l.

HAPPELLI Linguae sanctae Canones gram. 8 Basil. 1561.

HAUPTMANNI Hebr. sermonis Elementa et Hist. 8. Jenae 1760.

HIRTII De Verbis formae mixtae hebr. 4. Jenae 1754.

HIRTII Syntagma obs. ad ling. sanctam V. T. 8. ib. 1771.

HOTTINGERI Gram. heb. V. ej. Gr. polygl.

MARINI Hortus eden, seu Gram. l. sanct. 8. Ven. 1585.

MUNSTERI Institutio elem. ling. heb. 8. Basil. 1537.

MUNSTERI Epitome heb. gram. V. ej. Prov. 1520.

MUNSTERI Lib. Bachur lat. V. Eliae Lev.

MUSSI Disegno di lezioni ebraiche 8. Pavia 1792.

PAGNINI Gramm. heb. V. Polygl. Antw.

PASINI Gramm. linguae S. Institutio et Or. in 8. Patav. 1756.

QUADROS (de) Enchiridion heb. seu Gram. et Lex. cum Diss 8. 2 voll. Romae 1733.

QUINQUARBORFI Heb. ling. Institutiones 4. Lutetiae 1558.

REUCHLINI Rudimenta. V. ej. Lexicon.

REUCHLINI de Accentibus hebr. 4. Hagenoae 1518.

ROTA Gramatica della Lingua santa 8. Ven. 1775.

RUDIMENTA Gramm. hebr. cum exerc. 8. Patavii 1631.

SCHROEDERI Institutiones ad fundamenta ling. heb. 8. Francof. 1778.

SCHULZII Liber elementalis 8. 1780-1781.

VALPERGA di Caluso Prime Lezioni di gramat. ebr. 4. Torino 1805.

XLIV

LESSICI EBRAICI.

BUXTORFII Lexicon heb. et chald. et brev. rabb. 8. Basil. 1735.

CASTELLI Lexicon heb. V. ej. Eptagl.

CHESSEK scelomò, Lexicon heb. hisp. bibl. 4. Ven. 1688.

Prima ed. rariss. V. il Wolf. T. IV p. 178. Manca il titolo.

CHESSEK scel. 4. Ven. 1618.

CLODII Lexicon hebr. selectum 8. Lips. 1744.

CUBI ebrei Tabella, seu Comp. lex. heb. 8. Jenae 1753.

DE-ROSSI Lexicon heb. selectum ex inedito R. Parchon 8. Parmae 1805.

ELIAE Levitae Tisbì, seu Lex. heb. cum. lat. vers. Fagii 4. Basil. 1557

GUSSETII Lexicon seu Commentarii ling. heb. 4. maj. Lips. 1743.

KIMCHÌ Dav. Liber scarascim, radicum, seu Lex. heb. fol. maj. sine an. et loco.

Di prima età e rarità estrema. V. gli *Ann. del sec. XV* p. 125.

KIMCHÌ Liber scarascim seu heb. radicum, f. Neapoli 1490.

KIMCHÌ Scarascìm in fol. Neap. 1491.

KIMCHÌ Scarascìm in fol. CPoli 1513.

KIMCHÌ Scarascìm fol. Thessal. sine an. sed circa 1533.

Tutte le preced. ediz. sono rarissime. V. gli *Annali* dei du secoli.

KIMCHÌ Scarascìm cum corr. Eliae Levitae fol. Ven. 1547.

LEIGH Critica sacra seu observ. in radices heb. V. T. et graec. novi fol. 2. voll. Amst. 1679.

MAKRE dardeke V Lex. pol.

MICHAELIS Supplementa ad Lexica hebr. 4. 6 voll. Goetting. 1784-1792.

MODENA Leone Ghelud jehudà, Dizion. ebr. ital. bibl. 4. Ven. 1612.

MODENA Ghelud jehudà 4. Padova 1640.

Amendue le ed. assai rare. V. il Simon. *Nouv Biblio. chois.* T. I p. 268, Vogt p. 481, e il mio *Diz. degli aut eb.* T. II p. 8.

MOSERI Lexicon hebr. 8. maj. Ulmae 1795.

OLIVEYRA Hetz chaiim, ou Thesouro da lingua santa 8. Amst. 1682.

PAGNINI Epitome Thes. ling. S. a Raphelengio V. Polygl. Phil. II.

Pomis Tzemach david, o Dizionario ebr. e rabbin. fol. Ven. 1587.

Quadros Lexicon heb. V. ej. Enchir.

Reuchlini Lexicon heb. cum Rudim. 4 maj. Hagenoae 1506.
Rarissimo.

Schulzii Lexicon heb. et chald. 8. maj. 2 voll. Lips. 1777.

Simonis Lexicon heb. et chal. cum Eichornii access. et corr. 8. maj. 2 voll. Halae 1793.

Stockii Clavis linguae S. V. T. 8 maj. Lips. 1753.

Zanolini Lexicon hebraicum 4. Patav. 1732.

XLV

LIBRI DI POESIA E LETTERATURA EBRAICA.

Appeninì seu Badrescitae Poema Lecha eli 12. sine a. et l.

Bassani Ottave ebr. ital. in fol. Ven. 1750.

Bassani La Corona estense Sonetti ebr. ital. fol. Ven. 1753.

Buxtorfii Institutio epistolaris heb. 8. Basil. 1629.

Chaviv Darchè noham V. Gram. ebr.

Charizi Tachchemonì, seu Compositiones poeticae in 4. CPoli 1578.

Chefetz Jad charuzìm, Clavis poet. 8. Ven. sine anno.

Coen Zemirod israel, de Poesi heb. 12. Liburni 1793.

De-Rossi Canticum heb. 4. Taur. 1764.

De-Rossi De praecipuis caussis negl. heb. litt. disciplinae 4. ib. 1769.

Drusii Lacrymae seu Carmina heb. in ob. Scalig. in 4. Franek. 1609.

Hufnagel De ling. heb. docendi ratione 4. Erlang. 1779.

Immanuel Mechabberòth, Compositiones poeticae 4. Brix. 1491.
Rarissime. V. gli *Annali* p. 84, il *Diz. degli aut. eb.* T. I p. 113, *Scholia Psal.* p. 18.

Kruger De ling. heb. antiq. et util. 8. Guelpherb. 1739.

Leon Noſed tzufim, Rhetorica hebr. 4. sine a. et l., sed Mantuae circa 1476.
V. gli *Annali* p. 113.

Maimonidis Epistolae heb. 8. Ven. 1545.

Maghillad sefer, Collectio epistolar. heb. 12. Cremon. 1566.

Modon Kol musar, seu Epigrammata heb. 4. Mant. 1725.

Ogerii Graeca et lat. ling. hebraizantes 8. Ven. 1764.

Oliveyra Scarsoth gavluth, Collectio rythmor. heb. 12. Amst. 1665.

Oliveyra Ajeled aavìm, Rhetorica heb. 12. ib. 1665.

Poemata heb. varii gen. et varior. auctorum in 4. et 8.

Rabenì Squarcio di lettera sopra le Consider. del Garofalo su la poesìa degli ebrei 8. senz'anno e luogo.

Rabenì Antilogia alle sud d. Osservazioni del Garofalo 8. Aosta 1711.

Rabenì Lettera sopra un Saggio di critica del Clerc su la poesia ebr. 8. Cosmopoli 1710.

Schudt Deliciae heb. philol. de stud. l. heb. 8. Francof. M. 1700.

SEDER zemiròth, Carmina heb. in dedic. syn. 4. Liburni 1786.

SIMONIS Introductio in ling. hebr. 8. Hal. Magd. 1753.

TRENDELENBURG Chrestomathìa heb. 8. 1794.

TYCHSEN De Abbreviaturis hebr. 4. P. duae Rostoc. 1768-69.

VIDAL Melitzà, Oratio 4. sine anno et loco.

VIDAL Melitzà V. Divrè ajamìm.

XLVI

GRAMAT. LESSICI E LIBRI DI LETTERAT. SAMAR.

BRUNS Epistola samaritarum cum lat. vers. ac notis 4. Helmst. 1781.

BRUNS Epistola samar. V. Repert. or.

CASTELLI Lexicon sam. V. Lex. eptagl.

CELLARII Horae samarit. seu Gram. et Glossar. samar. 4. Cizae 1682.

FABRICY De Borgiano numo hebraeo-samar. 8. Romae 1800.

LOBSTEIN Comm. de samar. V. ej. Cod. samar.

LUDOLFI Epistolae samar. Sichemitarum cum lat. vers. et not. 4. Cizae 1688. Rarissime.

MORINI Opuscula hebraeo-samaritica, seu Gram. et Lex. sam. et al. 8. Paris. 1657. Rar.

MORINI Antiquitates eccl. or., de lingua et lib. samar., 8. Lond. 1682.

OTHONIS Institutiones sam. V. ej. Synopsis ling. or.

SACY Litterae sam. ad Scalig. cum lat. vers. V. Repert. or.

SCHNURRER De samar. Comm. seu Epist. ar. V. id. Repert.

TYCHSEN Falsitas numorum sam. V. ej. Numi heb.

TYCHSEN Refutacion delos arg. de Perez Bajer en favor delas monetas samar. 8. Rostoch. 1786.

TYCHSEN Vindiciae Refutationis ab anon. hisp obj. in 4. Buetzov. 1787.

XLVII

GRAMATICHE E LESSICI CALD. E RABBINICI.

ALPHABETVM chald. etc. 8. Romae 1634.

ARUCH katzer, Comp. Lexici Aruch 4. min. CPoli 1511.

BERTRAMI Chald. Institutiones 4. maj. Genev. 1574.

BUXTORFII fil. Gram. chald. et syriaca 8. Basil. 1650.

BUXTORFII patris Lexicon chald. talm. rabb. fol. Basil. 1640.

CELLARII Rabbinismus V. Relandi Analecta.

DANZII Rabbinismus enucleatus, V. Millii Catalecta.

DRUSII De Particulis chald. etc. V. ej. Opuscula.

DRUSII De Partic. chald. V. Relandi Analecta.

ELIAE Lev. Tisbi V. Lex. heb.

GENEBRARDI Isagoge ad leg. rabb. comm. 4. Paris. 1559.

HOTTINGERI Gram. chald. V. Gram. polygl.

INSTITUTIO christ. chald 8. Romae 1665.

INSTITUTIO chr. chald. in 8. ib. 1787.

INSTITUTIONES ad fundamenta chaldaismi 8. Ulmae 1787.

LEON da Modena Pi arie, Raccolta di voci rabb. 4. Ven. 1640.

LEXICA chald. bibl. V. Buxt., Schulzii, Simonis Lexica heb.

MILLII Catalecta rabbinica 8. 2 voll. Traj. ad Rh. 1728.

NATAN Aruch, Lexicon chal. et talm. fol. sine an. et loco.

Sconosc. ed. di prima età e rariss. V. gli *Annali* p. 123 e *Dizionario degli aut. eb.* T. II p. 76.

NATAN Aruch f. Pisauri 1517.

NATAN Aruch 4. maj. Ven. 1531.

OTHONIS Instit. rabb. V. Synops. ling. or.

RELANDI Analecta rabbinica seu Libri ad lect. rabb. 8. Traj. ad Rh. 1723.

SCHAUBERTI De lingua aramaea 4. Altorf. nor. 1739.

SIMONIS Introd. in ling. chal. V. ej. Introd. heb.

TREMELLII Grammatica chal. et syra 4. Paris. 1569.

TYCHSEN Dialecti rabb. Elementa cum excerpt. et lex. sel. 8. Buetzov. 1763.

ZANOLINI Institutiones ling. chald. rabb. talm. cum Petachiae Itinerario 4. Patav. 1750.

XLVIII

GRAMATICHE, LESSICI E LIBRI SIRIACI.

ADLER Brevis linguae syr. Institutio 8. Alton. 1784.

ALPHABETUM estrangh. et syr. 8. Rom. 1636.

BODERIANI Gram. syr. V. Polygl. Phil. II.

BODERIANI Lexicon syrochald. ibid.

BORGIA De Cruce vatic. cum Ritu syr. et lat. fol. Rom. 1779.

BREVIARIUM syr. S. Ephraemi 4. Romae 1787.

BUXTORFII Gram. syr. V. Gram. chald.

CASTELLI Lexicon syr. cum not. Michaelis 4. 2 voll. Gotting. 1788.

CASTELLI Lex. syr. V. ej. Lex. eptagl.

DOCTRINA christ. syro-estrang. 8. Romae 1665.

ECCHELLENSIS Ling. syr. Institutio 16. Rom. 1628.

GUTBIRII Lexicon syr. cum spicil. 8. Hamburgi 1667.

HOTTINGERI Gram. syr. V. Gram. polygl.

MASII Peculium syr. seu Lexicon syr. V. Polygl. Antw.

MASII Grammatica syr. ib.

MICHAELIS Tract. de lingua syr. 8. Gotting. 1768.

MICHAELIS Chrestomathia syriaca 8. ib. 1768.

MICHAELIS Grammatica syriaca 4. Hal. 1784.

MYRICAEI Prima Elementa ling. syr. 8. Colon. allobr. 1616.

NAIRONI Evoplia fidei ex syr. monumentis 8. Rom. 1694.

OFFICIUM defunctorum syr. 4. ib. 1585.

PRECES syriacae et al. ling. in 8. ib.

PROFESSIO orthodoxae fidei syr. lat. 8. Romae 1648.

SCHAAF Lexicon syr. in N. T. 4. Lugd. Bat. 1709.

TREMELII Gram. syr. V. Gram. chald.

TYCHSEN Elementale syr. seu Gram., Chrestomathia et Glossar. 8. Rostoch. 1793.

TYCHSEN Physiologus syrus. V. Antiq. sacr.

ZANOLINI Grammatica ling. syr. Institutio 8. Patav. 1742.

ZANOLINI Lexicon syr cum disp. de lingua syr. etc. 4. ib. 1742.

XLIX

GRAMATICHE E LESSICI ARABI.

ALHAGHEB Grammatica arabica Cafia 4. Romae 1592.

ASSEMANI Rudimenta ling. arab. cum Catech. 4. ib. 1732.

CASTELLI Lexicon arab. V. Lex. eptagl.

CELLARII Isagoge in ling. arabic. 4. Cizae 1678.

ERPENII Grammatica arab. Giarumia et Lib. centum regentium ar. l. cum not. 4. Leid. 1617.

ERPENII Grammatica arabica cum Locmanni Fabulis et Adagiis arab. lat. 4. Amst 1636.

ERPENII Grammatica arab. cum sent. et Abulolae Carm. 4. Lugd. Bat. 1656.

GOLII Lexicon arabicum in fol. Lugd. Bat. Elzev. 1653.

Rar. Osmont T. 1 p. 316, de Bure T. III p. 5 e Casiri *Biblioth. ar. hisp.* T. 1. p. 169.

HACKSPANII Institutiones arab. cum Fide et leg. Moham. 4. Altorf. 1646.

HOTTINGERI Gram. arab. V. Gram. polygl.

LAKEMACHER Elementa ling. arab. 4. Helmst. 1718.

MENINSKI Gram. arab. V. ej. Gram ling. or.

OTHONIS Institutiones arab. V. ej. Synops. ling. or.

PAULI Comp. gramm. arab. 8. Jenae 1790.

SILESIA (de) Fabrica, o Diz. della ling. volg. arab. 4. Roma 1636.

TYCHSEN Elementale arab. seu Elementa, Catalecta et Glossar. 8. Rostoch. 1792.

WASMUTHI Grammatica arabica cum Paraenesi de linguae arab. util. 4. Amst. 1654.

L

LIBRI DI LETTERATURA ARABA.

ADLER Descriptio codd. cuficorum et de script. cufica arab. 4. Altonae 1780.

ADLER Museum cuficum Borgian. 4. 2 voll. Hafniae 1782-95.

ACTA varia prop. fid. arab. lat. 4. Romae 1783.

ALÌ Proverbia, Carmen Tograi et Avicen. Diss. arabice 8. Lugd B. 1629.

ALÌ Carmina arab. lat. V. Kuypers.

ASSEMANI SIM. Museo Naniano illustrato 4. 2 voll. Padova 1787-1788.

ASSEMANI SIM. Saggio degli antichi arabi 8. ib. 1787.

ASSEMANI SIM. Globus coelestis Borg. arabico-cuficus illustr. fol. ib. 1790.

ASSEMANI SIM. Estratto del Museo cufico Borg. 4. Ven. 1793.

ASSEMANI SIM. Illustrazione della patena araba d'Imola 4. Padova 1804

ASSEMANI SIM. Diss. sopra le monete arabe 4. ib. 1809.

AVICENNAE Opera arabice f. Romae ex typ. medic. 1593.

L'Osmont, de Bure, Clement, Crevenna, Cailleau ed altri lo segnano per rariss. come pure la Geogr. dell'Edrissi e l'Euclide. Ma V. la nota ai Vangeli.

BORHANEDDINI Alzernuchi Enchiridion studiosi arab. cum a lat. vers. in 8. Traj. ad Rh. 1709.

CAAB ben Zoheir Carmina arabica cum lat. vers. ac not. 4. Lugd. Bat. 1748.

CELLARII Usus arabismi V. ej. Sciagraphia.

COMPENDIUM Concilii Chalcedon. arab. transl. a Salem in fol. Rom. 1694.

DE-ROSSI In saracen. Theodosii diac. disticon Epist. fol. et 4. Romae.

EDRISÌ Geographia Nubiensis arab. 4. Romae 1592.

EUCLIDIS Elementa arabice in fol. Rom. ex typ. medicea.

GREGORIO De supputandis apud arabes siculos temporibus 4. Panormi 1786.

HARTMANNI Edrisii Hispania arab. P. 1I. 4. Marpurgi 1803.

HOTTINGERI Technologia arab V. Gram. polygl.

KROMAYERI De Usu ling. arabicae 4. Francof. 1707.

KUYPERS Ali ben Abi Taleb Carmina arab. l. cum not. 8. Lugd. B. 1745.

LOCMANNI Fabulae et Arabum Adagia arab. cum lat. vers. et notis Erpenii 4. Amst. 1636. V. ej. Gramm.

MURR (de) Inscriptio arab. cufica pallii imper. 4. Norimb. 1790.

PIZZI Ensayos sobre la gramatica y poetica de los arabes 4. Madrid 1787.

PROFESSIO Orthodoxae fidei arab. lat. 4. Romae 1795.

REISKE De studio ling. arab. V. ej. Conject. in Job.

SABBAGH Cantique composé en arabe et traduit par M. de Sacy 4. Paris 1811.

SACY Traité des monnoies trad. de l'arabe de Makrizi 8. Paris 1797.

SACY Chrestomathie arabe 8. 3 voll. Paris 1806.

SACY Lettre sur le nom des assassins 8. ib. 1809.

SACY Observations sur l'orig. du nom des pyramides 8.

SACY Notice de la Gramm. arabe 8.

TYCHSEN Catalecta arabica 8. Buetzov. 1765.

TYCHSEN De Numis arabicis christ. germ. 4. 1785.

TYCHSEN Interpretatio inscript. cufic. cathed. D. Marci 4. Rostoch. 1787.

TYCHSEN Ej. Interpr. editio 1I emendatior 4. ib. 1788.

TYCHSEN Explanatio cuficae inscr. musaei Londin. 4. ib. 1789.

TYCHSEN Ej. Apologia contra Tellerum 8. ib. 1788.

TYCHSEN Append. ad inscr. cuficam 4 ib. 1790.

TYCHSEN Introductio in rem numariam Mahomedanorum 8. ib. 1794.

WARNERI De vitae Termino ex arab. et pers. scriptis 8. Amst. 1642.

WASMUTHI Paraenesis de ling. arab. V. ej. Gram.

ZAPHI seu Agnellini Theatrum poeticum arabicum, arab. lat. 8. Patavii 1690.

Rariss. V. il mio *Diz. degli aut. arabi* p. 191.

LI

GRAM., LESSICI E LIBRI PERS. COPTI, ETIOPICI.

ALPHABETUM persicum etc. 8. Romae 1783.

ALPHAB. coptum sive aegyptiacum 8. ib. sine anno.

ALPHAB. aethiopicum etc. 8. ib. 1631.

ALPHAB. aethiop. 8. ib. 1789.

ANTHOLOGIA persica, pers. et lat. 4. Viennae 1778.

CATECHISMUS aethiopicus 8. Romae 1789.

CROZE (la) Lexicon aegyptiaco-latinum a Scholtzio in comp. redactum cum not. Woidii 4. maj. Oxon. 1775.

GEORGII Acta coptica S. Coluthi cum lat. vers. ac not. 8. Romae 1781.

GOLII Lexicon persicum V. Castelli Lexic. eptagl.

HARTMANNI Grammatica aethiopica 4. Francof. M. 1707.

KIRCHERI Prodromus coptus seu aegyptiacus 4. Romae 1636.

LUDOLFI Lexicon aethiopicum et lat. f. Francof. M. 1690.

MENINSKI Gramm. persica V. ej. Gram. ling. or.

MINGARELLI Opera var. coptica V. ej. Aegypt. codd. Reliquiae.

MUNTER Observationes in fragmen. sahidica 4. Hafn. 1789.

OERTELII Theologia aethiopum 4. Witteb. 1746.

OTHONIS Institutiones persicae V. Synopsis ling. or.

OTHONIS Institution. aethiop. ibid.

RELANDI De veteri Lingua aegypt. V. Chamberlain Oratio dom.

SACY Lettre sur l'inscript. egyptienne de Rosette 8. Paris 1802.

SACY Notice de l'Ouvr. de Quatremere sur la langue de l'Egypte 8. ib. 1808.

SCHOLZ Expositio vocab. copticorum V. Repert. or.

VALPERGA de Calusio Rudiment. coptum 8. Parmae 1783.

VENERII Chaldeae seu Aethiop. ling. Institutiones 8. Romae 1630.

WILCHINS De ling. coptica V. Chamberlain Oratio dom.

LII

ALFABETI, GRAM. E LIBRI D'ALTRE LINGUE ORIEN.

ALPHABETUM armenum 8 Romae 1673.

ALPHAB. armenum et al. 8. ib. 1784.

ALPHAB. ibericum seu georgianum in 8. ib. 1629.

ALPHAB. brammhnicum 8. ib. 1776.

ALPHAB. barmanorum regni avensis 8. ib. 1787.

ALPHAB. brammhani cum seu indostanum 8. ib. 1771.

ALPHAB. barmanum seu bomanum regni Avae finitim. regionum 8. ib. 1776.

ALPHAB. grandonico-malabaricum, sive samscrudonicum 8. ib. 1772.

ALPHABETA indica varia 8. ib. 1791.

ASSEMANI Sim. Diss. sopra una moneta fenicia 8. Padova 1805.

BOBOVII De turcarum Liturg. 4.

CATECHISMUS pro barmanis cum lat. v. P. duae 8. Romae 1785-1786.

CATECHISMUS telugicus Schulzii 8. Hal. 1746.

CATECHISMO in ling. marasta e portoghese 8. Rom. 1778.

CONFUCII Lib. Chou-king V. Guignes.

GARZONI Gramatica e Vocabolario della lingua kurda 8. Roma 1787.

GRAMATICA indostana 8. ib. 1778.

GRAMMAIRE turque in 4. CPoli 1730.
Del P. Holderman e rarissima.

GUIGNES (de) Le Chou-king livre sacre des chinois de Confucius avec des not. 4. maj. Paris 1770.

JONESII Diss. de ling. shilnensi V. Chamberlain Oratio.

KANG-HI imper. sinarum Litterae sinice lat. ex vers. Koegleri et edit. Murr. 4. Norimb. 1802.

MENINSKI Grammat. turcica V. ej. Gramm. ling. or.

MULLER Excerpta ms. turcici cum lat. v. 4. Colon. Brandeb. 1665.

NORBERG De religione et lingua sabaeor. 4. Hafn. 1780.

PAULINI a S. Barthol. Alphabeta indica 4. Romae 1791.

PAULINI a S. Barth. Systema brachmanicum liturgic. ex monum. ind. 4. ib. 1791.

PRECES barmannae 8. ib. 1785.

PRECES armenae, malab. etc. 8. ibidem.

SACY Lettre sur les inscript. persepolitaines 8. Paris 1803.

SCHROEDERI De rebus armen. V. Chamberlain.

SCHULZ Catechismus telugicus 8. Hal. 1746.

LIII

STORIA GIUDAICA.

BASNAGE Histoire des juifs 12. 15 voll à la Haye 1716.

BREITHAUPTI Josephus hebraicus heb. lat. cum not. 4. Goth. 1710.

CASTELLIONIS Continuatio hist. jud. V. ej. Annot. bibl.

ELIESER Pirkè, seu Capitula 4. min. CPoli 1514.

GAAB Observationes ad hist. jud. 4. Onoldi 1787.

GENTII Historia judaica ex heb. versa 4. Amst. 1651.

GENEBRARDI Chronographia 4. Paris. 1567.

GORIONIDIS Historia judaica hebr. fol. sine an. et loco, sed Mantuae circa 1476.
Prima e rariss. ediz. V. gli *Annali* p. 114 e il *Diz. degli aut. eb.* T. I p. 150.

GORIONIDIS Historia judaica 4. min. CPoli 1510.

Non men rara della preced. V. gli *Ann. del* 1501 p. 5, e il *Diz.* c. l.

GORIONIDIS Historia jud. h. l. V. Breithaupti.

JOSEPHI Flavii Opera. Vide Antiquitates.

LUZZATO Discorso circa il stato degli hebrei 4. Ven. 1638.

Rariss. Wolf. T. III p. 1151 e IV p. 1115. Freitag *Analecta* p. 549, Vogt p. 423, e il *Diz. degli aut. eb.* T. II p. 15.

MAHASCÈ jeruscalmì. Vide Divrè ajamìm.

PROBI De monarchia Isr. V. Helvici Elenchi.

SCHUDT Compendium historiae jud. et de Convers. jud. 8. Francof. M. 1700.

VERGA Sal. Scèvet jehudà, Sceptrum Judae, 12. Amst. 1709.

VERGA Scèvet jehudà latine V. Gentii Hist. jud.

VERGA La Vara de Juda, 8. Amst. 1744.

LIV

STORIA E VIAGGI ORIENTALI.

ABULPHARAGII Excerpta syr. V. Bruns.

ADLER Appendix ad hist. Drusorum ex arab. mss. V. Repert. or.

ARNOLDI Specimen Chronici syr. Abulpharagiani e script. graecis emendati in 4. Marpurgi 1805.

ASSEMANI Jos. Aloy. De Patriarchis chaldaeorum et nestorian. 4. Romae 1775.

ASSEMANI Sim. Ragguaglio sulla setta assiss. 8. Pad. 1806.

BARATIER Voyages de R. Beniamin de Tudele trad. de l'hebreu etc. 8. 2 voll. Amst. 1734.

BARUCH Sivchè jeruscalaim, Descriptio Palaestinae, 8. Liburni 1785.

BINIAMINI Tudelensis Masahòth, seu Itinera, 12. CP. 1543.

Rarissimo.

BINIAMINI Tudel. Masahòth 16. Leidae Elzev. 1633.

BINIAMINI Tudel. Masahòth 12. Amstel. 1698.

— Idem gallice V. Baratier.

BRUNS De Rebus gestis Richardi in Palaestina Excerptum ex Abulpharagii Chron. syr. lat. 4. maj. Oxon. 1780.

BRUNS De Caliphis in Aegypto ex eod. Chron. V. Repert. or.

BRUNS De Nassiraeis et Drusis ibidem.

BUHLE Calendarium Palaestinae 4. Gotting. 1785.

CHRONICA Edessae ex syr. V. Repert. or.

CROZE (la) Conformité des coutumes des indiens orient. avec celles des juifs 8. Bruxelles 1704.

EICHORN De Religione Drusorum in ej. Repert. or.

HAGER Memoria sulla bussola orientale fol. Pavia 1809.

HOTTINGERI Archaiologia orientalis 8. Heildeb. 1662.

HYDE Itinera mundi Ab. Peritzol heb. lat. cum not. et Bobovii Tr. de turc. liturgia 4. Oxon. 1691.

Rariss. De Bure, Crevenna *Cat. rais.* T. V p. 4, Cailleau, la mia *Bibl. jud. antichr.* pag. 32 e il *Diz. degli aut. eb.* T. I. pag. 17.

KOEHLERI Observationes ad Elmacini Hist. V. Repert. or.

LUDOVICI patritii Rom. Itinerarium Aethiopiae, Aegypti, Arabiae etc. fol. 1511.

NAIRONI De Orig. et relig. maronitarum 8. Romae 1679.

Rar. Cat. prop 1773.

PERITZOL Ighered orechoth olam, Epistola itinerum mundi, 12. Ven. 1587.

Della gr. sua rarità V. il Wolf. T. I p. 89, l'Hyde *Pref.* alla sua ed., la mia *Bibl. giud.* e *Dizion.* cit. l., e il *Catal. de' mss.* T. I p. 166.

PERITZOL Itinera mundi heb. lat. V. Hyde.

PETCHIAE Itinerarium V. Zanolini Instit. chald.

POTOCKI Dynasties du second liv. de Manethon 8. Florence 1803.

RICHTER Historiae persar. antiquiss. Specimen 4. Lips. 1795.

ROUSSEAU Memoire sur les ismaelis et les nazairis de Syrie in 8.

SABBAGH La Colombe messagère trad. par Sacy avec le texte arabe 8. Paris 1805.

SACY Notice de la Geographie or. d'Ebn Havkal trad. du pers. en angl. par Ouseley 8. Paris 1802.

SACY Notice de la Description de la Chorasmie etc. 8.

SACY Memoire sur div. événemens de l'hist. des arabes avant Mahomet, 4. Paris 1803.

SCHLÖZER De Chaldaeis Vide Repert. or.

STROZAE De Dogm. chaldaeorum 4. Romae 1617.

TRINITA (della) Fil. Viaggi orientali 8. Ven. 1670.

TYCHSEN De Secta sabaeorum et nassiraeorum in Syria, germ. 8.

VALLE (della) Viaggi orientali 8. 3 voll. Ven. 1681.

VOLNEY Voyage en Syrie et en Egypte, 8. 2 voll. Paris an. VII.

WALCHII Calendarium Palaestinae oeconomicum in 4. Gotting. 1785.

LV

TIPOGRAFIA E BIBLIOGRAFIA EBRAICA E STORIA LETTERARIA DEGLI EBREI.

ABOAB Nomologia, o Discursos legales 4. Amst. 1629.

Rar. Wolf. T. II p. 302, *Della ling. di Cristo* p. 147, *Della vana Asp.* p. 31.

ABRABANEL Tescuvòth, Responsa ad R. Saul Coèn, in 4. Ven. 1574.

ACOSTA Exemplar vitae hum. V. Limborch.

ALTINGII Dissertationes academicae 4. Groning. 1671.

AUGUSTI Nachrichten, seu Notitiae de caraitis, germ. 8. Erfurti 1752.

AULISIO Delle Scuole sacre degli ebrei 4. 4 voll. Nap. 1723.

AZULAI Scem aghedolìm, De viris celebr. 12. Liburni 1774.

AZULAI Scem aghedolim Pars II 4. ibidem 1786.

BARTOLOCCII Vitae cel. rabbin. V. Relandi Analecta.

BIANCHI Sulle Tipografie eb. di Cremona 8. Crem. 1807.

BISCIONI Bibliotheca gr. et hebr. florentina in 8. 2 voll. Flor. 1757.

BISCHOFF De orig., vita et script. Abraban. 4. Altorfi 1708.

BOISSI Dissertations crit. sur les auteurs juifs 8. 2 voll. Paris 1785.

BUDDEI Introductio ad hist. philos. hebraeor. 8. Hal. sax. 1720.

BUXTORFII Bibliotheca rabbinica et Recensio Talm. in 8. Herbornae 1708.

CATALOGUS biblioth. hebr. Oppenheimeri 4. Hamb. 1782.

CONFORTI Korè adoròth, Lector generat., 4. Ven. 1746.

DE-ROSSI De hebr. typogr. Origine ac primitiis 4. Parmae 1776.

DE-ROSSI De heb. typ. Origine c. praef. Hufnag. 8. Erlangae 1778.

DE ROSSI De Typographia heb. ferrariensi Comm. histor. 8. Parmae 1780.

DE-ROSSI De Typ. heb. ferrar. cum auctoris Epist. in 8. Erlang. 1781.

DE-ROSSI Annali ebreo-tip. di Sabioneta 4. Parma 1780.

DE-ROSSI Annales heb. Sabion. latine versi a Roos in 8. Erlang. 1783.

DE-ROSSI Annales hebraeo-typographici sec. XV, 4. maj. Parmae 1795.

DE-ROSSI Annales hebraeo-typographici ab an. 1501 ad 1540, 4. maj. ib. 1799.

DE-ROSSI Annali ebreo-tipogr. di Cremona 8. ib. 1808.

DE-ROSSI Bibliotheca jud. antichristiana 8. ib. 1800.

DE-ROSSI Dizionario storico degli autori ebrei e delle loro opere 8. 2 voll. ib. 1802.

DE-ROSSI Mss. Codices hebraici et aliar. ling. suae bibliothecae descripti et illustr. 8. 3 voll. ib. 1803-1804.

DE-ROSSI Memorie storiche su i suoi studj e letter. produzioni 8. ib. 1809.

DE-ROSSI Apparatus hebr.-bibl. V. Tract. bibl.

DE-ROSSI De ignotis antiquiss. sacri text. edit. et Appendix ad Biblioth. Masch. V. inter biblicos.

DE-ROSSI Libri stampati di Letteratura sacra, ebraica ed orientale della sua biblioteca con note 8. Parma 1812.

DIOR Abr. Liber Cabalae, seu Traditionis cum Seder olam 4. Mantuae 1513.

Rar. *Diz. degli aut. eb.* T. I p. 31.

EINEM (von) Introductio in Biblioth. heb. 8. Magdeb. 1737.

ENS Disputatio de Karaeis 8. Harderovici 1726.

GRODECKII Spicilegium lib. anon. et pseudon. rabb. Vide Millii Catalecta.

HIRTII Eliae Levitae Memoria secularis tertia 4. Jenae 1777.

JACHIA Scalsceled akkabbalà, Catena cabalae vel traditionis, 4. Ven. 1587.

Prima ed. corretta e rara. *Diz. degli aut. eb.* T. I p. 157.

JECHIEL fil. Sal. Sefer Seder addoròth, Liber ord. generationum, fol. Calsruhe 1769.

KOECHERI Nova Bibliotheca hebr. 4. 2 voll. Jenae 1783-84.

LENT (a) De judaeor. pseudomessiis 4. Herborn. 1697.

MAII Vita Abrabanelis 4. V. ej. Praeco salutis.

MARDOCHAEI caraitae Dod mordachai, Amicus Mardochaei, V. Wolf. Notitia kar.

MODENA Leon. Midbar jehudà, Sermones et poem. in obitu ill. rabb. 4. Ven. 1566.

MODON Kinà, Poema lug. in ob. R. Bariel. 4. Mant. 1722.

NAGEL De Elia Levita germano 4. Altorfi 1745.

NAGEL De Elia Levita etc. Disputationes in 4. ibid. 1757-1771.

RODRIGUEZ de Castro Bibliotheca rabbinica hispanica fol. Matriti 1781.

SABTAI Lib. Sifté jescenìm, Labia dormientium, seu Bibliotheca rabb., 4. Amst. 1680.

Rariss. Simon *Biblio. crit.* T. I pag. 362, Uffenbach *Comm. epist.* T. I pag. 237, *Diz. degli aut. eb.* T. II p. 112.

SACY Notice de l'Appreciation du monde trad. par Berr, 8.

SCHNURRER Notitiae Tubingensium in heb. litt. illustrium germ. 8. Ulmae 1792.

SCHUPARTI De secta Karaeorum 4. Jenae 1701.

SEDER olàm, Chronic. mundi et al. opera 4. Ven. 1545.

SEDER olàm, 4. Mant. 1513. V. Dior.

SIMON Supplement sur les caraites. V. ej. Ceremonies des juifs.

SIMONIS Introductio in ling. heb., de auctoribus qui de ea egerunt, V. Libros litter. heb.

TRIGLANDI Diss. de Karaeis V. Wolfii Notitia kar.

WOLFII Bibliotheca hebr. 4. 4 voll. Hamburgi 1715-1733.

WOLFII Notitia Karaeorum ex Tract. Mardochaei Karaei, heb. lat. cum not. et accession. 4. ib. 1721.

WOLFII Historia Lexicorum hebraicorum 8. Vitemb. 1705.

WOLFII Conspectus suppellectilis epist. 8. Hamb. 1736.

ZACUTI Lib. Juchasin, Prosapiarum, 4. CPoli 1566.

ZACUTI Lib. Juchasin 4. Cracov. 1580.

Amendue rari, ma il primo molto più. V. il *Diz. degli aut. eb.* T. II p. 166.

LVI

BIBLIOGRAFIA E STORIA LETTERARIA ORIENT.

ADLER Iter biblico-crit. V. Tratt. di critica.

ADLER De arabicis Mss. Hafn. V. Repert. or.

ANNALES litterarii Helmstad. 8. 2 voll. 1782.

ASSEMANI Sim. Catalogo de' cod. mss. Naniani orientali 4. Padova 1787.

ASSEMANI Discorso inaugur. alla cattedra di lingue or. 4. ib. 1808.

AVRIVILLII Biblioth. Catalogus 8. Upsal 1787.

BIBLIOTHECA critica 8. 3 voll. Amstel. 1777-1778.

BOHN De Fatis studii linguar. oriental. 4. Jenae 1769.

CATALOGUS librorum prop. fidei var. linguis 12. Rom. 1772.

— Idem 12. ibid. 1782.

— Idem 12. ibid. 1793.

CHRYSANDRI De primo Scripto arabico in Germ. excuso 4. Hal. 1749.

COLOMESII Italia et Hispania orient. 4. Hamburgi 1730.

COLOMESII Gallia orientalis V. ej. Opera.

COLOMESII Opera var. a Fabricio edita 4. Hamb. 1709.

DE-ROSSI De Corano arabico Venetiis Paganini typis impresso 8. Parmae 1805.

DE-ROSSI Dizionario storico degli autori arabi più celebri e delle princ. loro opere 8. ib. 1807.

DE-ROSSI Libri di letter. or. della sua bibl. V. Bibliogr. ebraica.

DOEDERLEIN Notitiae de arab. script. V. Repert. or.

EICHORN Repertorium litterat. orientalis, germ. et lat. 8. 18 voll. Lips. 1777-1786.

EYRING Synopsis hist. litter. orientalis etc. 4. 2 voll. Gotting. 1783.

HEBED Jescu Catalogus libr. chald. seu syr. cum lat. vers. et not. Ab. Ecchellensis 8. Romae 1653.

HERBELOT Bibliotheque orientale fol. Paris 1697.

HOMELII Bibliotheca juris rabbinica et arab. 8. Byruthi 1762.

KOHLERI Notitiae arabic. script. V. Repert. or.

LORSBACH Comm. de cod. arab. fuldensi 4. Herborn. 1804.

MEELFUHRERI Prodromus or. Germaniae orientalis, 4. Altorf. 1698.

MICHAELIS Dav. Bibliotheca orientalis germ. 8. 25 voll. Francof. M. 1771-1785.

MICHAELIS Nova Bibliotheca orientalis germ. 8. 7 voll. Goetting. 1786.

MICHAELIS Catalogus scriptor. ab eo edit. 8. ib. 1787.

MINGARELLI Aegyptiacorum Codicum Reliquiae bibl. Nan. 4. 2 voll. Bonon. 1785.

MORINI Antiquitates eccl. or. V. Litter. samar.

OBERLIN Litterarum omnis aevi Fata 8. Argentor. 1789.

PACIAUDI Ad praecl. Alcorani codicem Prologus in 8. Parmae 1771.

SACY Notice d'un ms. syr. 8.

SACY Notice d'Aldolatiphi Hist. Aegypti ar. lat. Pocockii et White 8. Paris.

SACY Notice d'un Diss. d'Akerblad 8. ib. 1803.

SACY Memoire sur l'orig. et anc. monumens de la litter. parmi les arabes 4. ib. 1805.

SACY Notices et Extraits de div. mss. arabes 4. ib. 1809.

SCHNURRER Bibliot. arabica Part. VI 4. Tubing. 1799-1805.

VALPERGA di Caluso Articolo sul Museo cufico dell'Adler 8. Torino 1793.

URI Catalogus mss. orientalium bibliothecae Bodlejanae fol. Oxon. 1787.

LVII

EDIZIONI EBRAICHE DEL XV SECOLO.

ABEN Ezrae Comm. in Pent. fol. Neapoli 1488.

ADERED Quaesita et responsa 4. sine an. et loco

ALBO Jkkarim, Fundamenta, fol. Soncini 1484.

APPENINI Bechinad olam 4. Soncini 1485.

APPENINI Bechinad olàm 4. sine a. et l., sed Mantuae 1476.

ASCER(ben)Chòscen mispàt, fol. Plebisacii 1475.

ASCER Even ahèzer et Chòscen mispàt memb.fol. ib.1475.

ASCER Orach chaiim in fol. Mantuae 1476.

ASCER Orach chaiim in fol. Iscar 1485.

ASCER Jorè dehà fol. Ferrar. 1477.

ASCER Jorè dehà fol. Iscar 1487.

ASCER Arbà turìm fol. sine an. et loco, sed Soncini 1490.

AVICENNAE Canon fol.Neap. 1491.

AVUDRAAM Com. prec. fol. Ulyssip. 1489.

BECHAI Chovàd allevavòth 4. Neap. 1490.

BIBLIA heb. fol. 3 voll. Soncini 1488.

BIBLIA heb. 4. min. Brixiae 1494.

BIBLIA heb. f. 2 voll. memb. sine a. et l., sed Neap. 1490.

GAVIROL Mivchar appeninìm 4. Soncini 1484.

GERSONIDIS Comm. in Pent. fol. sine anno et loco.

GERSONIDIS Comm in Job 4. sine loco 1477.

GERSONIDIS Comm. in Dan. 4. sine anno et loco.

GERSONIDIS Historia jud. f. sine an. et l., sed Mant. 1476.

JARCHÌ Comm. in Pent. fol. Regii calabar. 1475.

JARCHÌ Com. Pent. fol. Soncini 1487.

JARCHÌ Com. in Pent. 4. maj. sine an. et loco.

— Ej. exemplar. membr.

JEHUDAE Sancti Miscnà cum Com. fol. Neap. 1492.

— Ejusd. Exemplar. memb.

JEHUDAE Leon Nofed tzufim 4. sine a. et l., sed Mant. 1476.

IMMANUEL Mechabberòth, Compos. poeticae, 4. Brix. 1491.

JOB V Megh. Dan. Esdras Neh. Paralipomena cum Com. fol. Neap. 1487.

ISAIAS et JEREMIAS in folio Ulyssip. 1492.

KALONYMI Even bochen 4. Neap. 1489.

KIMCHÌ Dav. Comm. Isai. et Jerem. fol. sine anno et loco.

KIMCHÌ Liber scarascìm, radicum, fol. sine anno et loco.

KIMCHÌ Scarascìm fol. Neap. 1490.

KIMCHÌ Scarascìm fol. Neap. 1491.

KOTZI Liber praeceptorum fol. sine anno et loco.

KOTZI Lib. praecept. in fol. Sonc. 1488 vel 1489.

LANDO Lib. Agur. 4. Neapoli sine anno.

LUCÒTH, Tabulae astron. 4. sine an. et l., sed Mant. 1476.

MACHAZÒR, Brev. precum, fol. memb. Soncini et Casalimaj. 1486.

MACHAZÒR fol. sine anno et loco.

MAIMONIDIS Jad chazakà fol. sine anno et loco.

MAIMONIDIS Jad chazakà fol. Soncini 1490.

MAIMONIDIS Morè nevochìm fol. sine anno et loco.

MAKRÈ dardekè fol. Neapoli 1488.

MEGHILLÒTH, Cant. Ruth Thr. Eccle. Esth. cum Com. memb. fol. sine an. et loco, sed Bonon. 1482.

NACHMANIDIS Com. in Pent. fol. sine an. et loco.

NACHMANIDIS Com. in Pent. fol. Ulyssip. 1489.

NACHMANIDIS Com. in Pent. fol. Neapoli 1490.

NACHMANIDIS Sahar aghemùl 4. ib. 1490.

NATAN Aruch, Lex. talm. fol. sine an. et loco.

PEDACH devarai, Gram. 4. Neap. 1492.

PENTATEUCHUS cum Targ. et Com. Jarchì f. Bonon. 1482.

PENT. ej. edit. exempl. memb.

PENT. cum Targ. et Com. Jarchì fol. Sorae 1490.

PENT. cum Targ. et Com. Jarchì f. voll. 2 Ulyssip. 1491.

PENT. ej. editionis exempl. membr.

PENT. cum Com. Jarchì 4. maj. Neap. memb. 1491.

PENT. memb. 8. Brix. 1492.

PENT. memb. 8. Brix. 1493.

PENT. cum Megh. et Apht. memb. 4. sine anno et loco.

PIRKÈ avòth c. Com. Maim. 4. sine a. et l., sed Sonc. 1484.

PROPHETAE priores c. Com. Kimchì fol. Sonc. 1485.

PROPHETAE priores c. Targ. et Com. fol. Leiriae 1494.

PROPHETAE poster. c. Com. Kimchì f. sine an. et loco, sed Sonc. 1486.

PROVERBIA cum Com. Immanuel fol. Neap. 1487.

PROV. cum Targ. et Com. fol. Leiriae 1492.

PROV. cum Com. fol. sine a. et l., sed Ulyss. 1492.

PSALTERIUM cum Com. Kimchì 4. sine loco 1477.

PSALT. cum Com Kimchì fol. Neap. 1487.

PSALT. memb. in 12. sine an. et loco, 1477.

PSALT. cum Ord. cibi 12. sine an. et loco 1477.

PSALMI Job Prov. 4. Neap. 1490.

SELÌCOTH, Preces, fol. Barci 1496.

TALMUDIS Tr. Beracòth cum Misnà et Com. membr. fol. Sonc. 1484.

TALMUDIS Tractat. Cholin cum Com. fol. ib. 1489.

TALMUDIS Tract. Niddà cum Com. fol. ib. 1489.

LVIII

EDIZIONI MEMBRANACEE.

ANTIOCHI Volumen heb. 8. Mantuae 1557.

ASCER Even ahezer et Choscen mispàt, seu Ord. III et IV Arbà turim fol. Plebisac. 1475.

BIBLIA hebr. fol. 2 voll. sine a. et l., sed Neap. circa 1490.

JARCHÌ Comm. in Pent. 4. maj. sine an. et loco.

JEHUDAE Sancti Miscnà cum Com. Maimon. in folio max. Neapoli 1492.

MACHAZOR hebr., Breviar. precum tot. anni fol. Soncini et Casali-maj. 1486.

MACHAZOR heb. cum Constit. fol. Mantuae 1557.

MACHAZOR heb. rit. germ. fol. Augustae vindel. 1536.

MEGHILLOTH, Cant. Ruth. Thr. Eccl. Esth. heb. cum com. f. sine an. et l. sed Bonon. 1482.

PENTATEUCHUS heb. cum Targ. et Com. Jarchì in fol. Bonon. 1482.

PENT. heb. cum Targ. et Com. Jarchì fol. 2. voll. Ulysip. 1491.

PENT. heb. cum Com. Jarchì f. min. vel 4. maj. Neap. 1491.

PENT. heb. cum V Megh. et Apht. 8. Brixiae 1492.

PENT. heb. cum Megh. et Apht. 8. Brix. 1493.

PENT. cum V Megh. et Apht. 4. maj. sine an. et loco.

PENT. heb. cum Targ. 12. Sabionetae 1557.

PENT. heb. cum V Megh. et Apht. 12. Sabion. 1558.

PENT. heb. cum V Megh. et Apht. 12. Ven. 1588.

PROPHETAE prior. ac poster. heb 4. min. Brix. 1494.

PROVERBIA heb. cum Com. Kav venakì fol. Thessal. 1522.

PSALTERIUM heb. 12. sine an et loco circa 1477.

PSALT. heb. cum Com. Kimchì et Chivan f. Thessal. 1522.

TALMUDICUS Tr. Beracoth, de Benedictionibus cum Miscnà et Com. Maim. fol. Soncini 1484.

TEPHILLOTH, seu Preces heb. cum Com. et Pirkè av. cum Com. Kimchì 4. min. Tridini 1525.

TEPHILLOTH hebr. 8. Bonon. 1537.

TEPHILLOTH hebr. 16. Sabionetae sine an.

TEPHILLOTH hebr. 8. Mantuae 1557.

TEPHILLOTH hebr. 16. Ven. 1647.

WEIL Liber Scechitod, de Mactationibus 8 Mant. 1556.

LIX

MANOSCRITTI EBRAICI ACQUISTATI DOPO LA PUBBLICAZIONE DEL CATALOGO.

COD. 1378

NACHMANIDIS Commentarius in Pentat., memb. in fol. maj. sec. XIII, vel in. XIV.

Qui non si danno, che i titoli dei mss., e le opere principali. Più particolari notizie, e le opere e epigrafi intere ne somministra un mio *Catalogo* a parte ms. e ragionato.

Cod. 1379

MAIMONIDIS Morè nevochìm, Doctor perplexorum et XV alia opera var. auctorum, membr. in fol. maj. sec. XV.

Nitidissimo. Tra le altre opere ve n'hanno alcune inedite.

Cod. 1380

JARCHÌ Comm. in Pent. et Nathan Rofè Epitome Com. Pent., memb. in fol. an. 1454.

Il secondo è inedito, e v'hanno anche degli estrat dell'inedito e raris. *Com.* di R. Immanuel *sullo* stesso *Pent.*

COD. 1381

KIMCHÌ DAV. Commentarius in Isaiam, chart. in fol. sec. XV.

COD 1382

GERSONIDIS Comm. in Job, chart. in fol. sec. XV.

Mancante sul fine.

COD. 1383

MAIMONIDIS Ilcoth zemanìm, Constitutiones de temporibus, membr. fol. an. 1289.

Comincia dal cap. V delle *Constit. del Sabbato*.

COD. 1384

R. JEHUDAE f. Mosis et aliorum opera varia, memb. in 4. maj. sec. XV.

Inedite tutte e di varie materie.

COD. 1385

ALBO Liber ikkarìm, seu fundamentorum, membr. et chart. in fol. an. 1484.

COD. 1386

ABEN EZRAE Comm. in Pent., memb. in 4. maj. an. 1390.

COD. 1387

ALFESII Tractatus varii talmudici, membr. in 4. sec. XV.

Manca in princip. e in fine.

COD. 1388

JARCHÌ Commentarius in Pentat. membr. in 4. maj. in. sec. XIV, vel exeuntis XIII.

Antico, ma mancante di alcuni foglj.

COD. 1389

PENTATEUCHUS, membr. in 4. in. sec. XV.

Finisce al cap. XII 20 del Deuter.

COD. 1390

ABRAHAMI de Colonia Cheder scem tov, Corona boni nominis et XXIV alia opera var. auctorum variique argum., membr. in 4. an. 1316.

Non solo quella prima, ma molte altre delle seguenti opere sono inedite e alcune ignote.

COD. 1391

JOBI Liber heb., membr. in 4 sec. XIV.

Cod. 1392

R. SIMEONIS ben Jochai Zoar in Genesim, bomb. 4. an. 1482.

COD. 1393

GAVIROL Mivchar appeninim, Delectus margaritarum cum X aliis opusc., memb. bomb. 4. min. sec XIV vel in. XV.

Nel numero delle altre operette v'ha l'inedito e rarissimo *Sèkel akkòdesc Siclo del santuario* di R Josef Kimchì, una *Lettera* del ben Saruch al Casdai, una del Tibbonide ed un'altra d' Abramo figlio del Maimonide, tutte e tre inedite e sconosciute.

COD. 1394

RIETI Mikdàs meath, Sanctuarium parvum cum Ep. Iaar levanon, Sylva Libani, chart. in 4. sec. XVI.

Inediti amendue, e il secondo ignoto.

COD. 1395

R. JEHUDAE, seu Messer Leon, Nofed tzufim, Distillatio favorum et alia opera, bomb. in 4. an 1560.

Con due altre opere inedite.

COD. 1396

MAIMONIDIS Jad chazaka, seu Comp. talmudic. Lib. I ac II, bomb. in 4. an. 1437.

COD. 1397

BAR Sal. de Vilialon Pokèach iverìm, Aperiens coecos, bomb. in 4. sec. XV vel in. XVI.

Inedito e sconosciuto.

Cod. 1398

R. Jedajae Penini Ighered tesquva, Epistola responsionis et alia opera, bomb. in 4. sec. xv.

Inedita e rariss. è quella *Lettera*, e varie opere che seguono

Cod. 1399

Averrois Comp. Acroasis cum Scholiis Jed. Appenini, bomb. memb. 4. min. sec. xv.

Questi *Scolj* sconosciuti d'un autore celebre e sì eloquente rendono prezioso il codice, sebbene mancante in principio e in fine.

Cod 1400

Medras echà, Expositio Thren., bomb 4.min. sec. xiv.

Cod. 1401

Kimchi Dav. Comm. in Psalmos, bomb. 4. min. sec. xv.

Cod. 1402

Abrabanelis Atered zekenìm, Corona senum et Ecclesiastes cum ined. Comm. Peritzol et al. opera, bomb. in 4. in. sec. xvi.

Inedito e sconosciuto è il *Comm.* del Peritzol, o Frissol. V. il mio *Catal. de' mss.* al cod. 48. Sconosciuto è pure il suo *Comm. dei Pirke avòt* che segue.

Cod. 1403

Averrois Opera varia philos. heb. bomb. 4. min. sec. xv.

Cod. 1404

Compendium medic. memb. bomb. 4. min. sec. xv.

Cod. 1405

Opus medicum de febribus anon., bomb. 4. min. sec. xv.

Cod. 1406

Abulaphiae Or ascèchel, Lumen intellectus membran. bomb. 4. min. sec. xv.

Il primo ed ultimo foglio mancano.

Cod. 1407

Rekanati Taamè mitzvòth, Rationes praeceptorum, memb. et bomb. 4. min. ex. sec. xiv vel in. xv.

Cod 1408

Agada seu Hist. Esther, et Aben Ezrae Comm. in Canticum cant. et Ecclesiastem, memb. 4. min. sec. xiv vel in. x .

Cod. 1409

R. Abram ben Dior Liber cabbalae vel traditionis et alia opera, bomb. 4. min. sec. xv.

Cod. 1410

Anonymi Comm. in Job, chart. in 4. sec. xvi.

Cod. 1411

Ben Jochai Zoar seu Com. in Cant. cant., bomb. 4. min. sec. xv vel in. xvi.

Mancante in fine.

Cod. 1412

Onkelosi Targum seu Paraphrasis chald. Pent., memb. 4. min. in. sec. xv.

Cod. 1413

Anonymi Comm. in Cant. cant., bomb. 4. min. sec. xvi.

Cod. 1414

Psalmi Job Prov. Ruth Cant. Ecclesiastes Threni heb., membr. 4. min. sec. xv.

Cod. 1415

Maimonidis Opera varia et var. auctorum, bomb. 4. min sec. xiv vel in. xv.

Il *Pidchè saarè avodà* di Giona Girondese che e in fine, è inedito e sconosciuto.

Cod. 1416

Pirkè avoth seu Capitula patrum cum Com. R. Isaaci fil. Salom., bomb. 4. min. an. 1454.

Pare diverso dal Jabetz e il *Commento* ined. e ignoto.

Cod. 1417

Corsani Aron edud, Arca foederis, et R. Matathiae Aitzari Comm. in Pent., bomb. 4. min. sec. xv.

Amendue inedito, e il secondo così raro che il Wolfio non ne mentova che il solo cod. Schulting. V. il T. III p. 823.

Cod. 1418

R. Nissim Liber nissim seu Comm. in Pentat. et alia opera, bomb. in 4. an. 1501.

Inedito e sconosciuto è questo *Commento*, e tra le seguenti opere inedita e assai rara è la *Sposizione* di Aribà *delle Agadoth* e qualche altra.

Cod. 1419

Machazor seu Brev. jud. precum cum hym. Ps. et Const. variis, membr. 4. min. sec. xv.

Cod. 1420

R. Salomonis f. Sam. Pidchè olàm, Portae seculi, et xi alia opera var. auctorum, memb. bomb. 4. min. sec. xv vel in. xvi.

Nessuna traccia di quel primo libro nel Wolfio e negli altri bibliografi, come pure di alcune seguenti opere.

Cod. 1421

R. Jacobi Levi Lib. Maarìl, seu Rituum, bomb. 4. min. 1481.

Cod. 1422

Kimchi Dav. Commentarius in Proph. minores, memb. bomb. 4. min. 1338.

Col testo ne' primi capi di *Osea*.

Cod. 1423

Anon. Liber chaiim seu vitae, memb in 8. sec. xiv.

Inedito e sconosciuto.

Cod. 1424

Caspì Liber musar, seu moralis institutionis, ej. Comp. logicae, Habacuc cum Com. Dati et alia op. chart. 4. an. 1583.

Tutte inedite, e molte ignote.

Cod. 1425

R. Jechiel Rophe Maaloth ammidoth, Praestantiae virtutum et Maimonidis opera varia cum Jarchii Com. Pirkè avòth, bomb. 8. maj. an. 1496.

Cod. 1426

Collectanea ex Medras rabbà in Pentat. et Threnos, bomb. in 8. sec. xv.

Cod. 1427

Agiographa seu Psalmi Job, Prov. Ruth Cant. cantic. Ecclesiastes Threni Esther Dan. Esdr. Neh. membr. 12 sec. xiii.

Comincia dal Salmo xxxi.

Cod. 1428

Sidoùr seu Ordo jud. precum cum Ps. occ., memb. 12. sec. xv.

Cod. 1429

Siddùr seu Ordo precum cum integro Psalterio, Pirkè avòth et Kimchii Responsis ad christianos, memb. 12. sec. xv.

Oltre le *Risposte* contiene anche le *Obbiez.* del Kimchi contro de' cristiani.

Cod. 1430

Prophetae posteriores, Isaias Jeremias Ezechiel, xii Minores, Agiographa Ruth Psalmi Job Prov. Eccle. Cantic. Threni Daniel Esther. Esdr. Neh. Paral, memb. 12. sec. xv.

L'ultimo de' codici biblici collazionati nelle *Varianti* e negli *Scolj critici* è il 1260. Diciannove altri sono stati acquistati in seguito intatti e da me descritti o nel *Catalogo*, o in questa *Appendice*, i quali se si aggiungano agli antecedenti seicento novantuno formano la somma di settecento dieci.

INDICE

DELLE CLASSI.